ラグビー指導の哲学

大西健の「楽志」と京都産業大学ラグビー部の軌跡 1973-2019

伊藤鐘史
向風見也 共著

Rugby
Coaching
Philosophy

晃洋書房

はじめに

京都にある大西先生の自宅にお邪魔したのは、２０１９年の8月下旬だった。これまで折に触れてご自宅で食事をいただいてきたが、この時の訪問にはそれまでと異なる意味合いを帯びた。

大西先生は、短くなった頭の毛に手をやった。

「散髪に行ってきたんや。もう、そうせないかんと思ってな」

直前まで長野の菅平高原で恒例の夏合宿をおこなっていたが、練習試合は不満足な内容に終わっていた。私（伊藤・以下同）の弟でもある鐘平は怪我で欠場しており、最上級生のさらなる奮闘が求められていた。

大西先生は、ビールの缶を開けながら言う。

「もし日本一になったら、これはドラマだなぁ。でも、もしそうならなかったら、それも人生」

奥様の食事をいただきながら、大西先生はダイニングの壁にある書を指した。

「楽志《らくし》」とあった。

指導者人生の初期に出会った明王堂の大阿闍梨・叡南俊照（当時は内海俊照）から授けられた言葉のようだ。「志を楽しむ」。人生のすべてをささげて「志」を貫くという行為を、「楽」しむ。グラウンドでは厳しく普段は穏やかな、大西先生らしい言葉だった。別なインタビューでは、こんな風に話されていた。

「叡南さんから『自分で立てた志は楽しみなさい』という意味の『楽志』という言葉をいただいてから、夢を追うのが楽しくなった。行き詰っていた時期は、訳もわからず選手をバテさせるためだけに練習をさせていたんです。なぜ、その練習が必要なのかという部分がどこかへ行ってしまって、練習をさせている私も辛かった。『楽志』をいただいてからは、ウエイトトレーニングなど練習方法も研究して自分に自信が持てるようになりました」

これから始まる2019年度シーズンは、大西先生にとって最後のシーズンだ。

私、伊藤鐘史は、母校の京都産業大学ラグビー部のコーチとして2年目のシーズンを迎えていた。現役学生だった頃は主将を任されていたが、その当時よりももっと前から、大西先生はこのチームの監督をしてきた。大学ラグビー界の歴史上、大西健という指導者の名はくっきりと太い文字で刻まれている。いわゆる新興校の指揮官として成果を挙げたパイオニア的な存在だからだ。

前提として、大学ラグビー界の勢力図は伝統校と新興校に二分される。伝統校と呼ばれるのは、大学ラグビー界ではルーツ校と呼ばれる慶應義塾大学、その双璧をなす早稲田大学、この「早慶」と呼ばれる両チームとバトルしてきた明治大学などがそれにあたる。1982年度から3連覇した同志社大学も西の伝統校と呼ばれる。

強化に着手してきた歴史、それに伴う卒業生の手厚い支援、学校そのものの人気は絶大だ。全国大学選手権での優勝回数は早稲田大学が最多の15回で、明治大学が13回で2番手。伝統校は常に勝利を求められるプレッシャーと向き合わなくてはならない分、チームの資源を広げやすそうでもある。

対する新興校は、伝統校の持つ無形の光に頼らずに優秀な選手を集め、鍛えなくてはならない。

新興校の強化サイクルがうまく機能している最近の例には、2006年度まで10年連続で全国大学選手権（大学選手権）の決勝に行った関東学院大学、２００９年度から大学選手権を９連覇した帝京大学が挙げられる。この二校の共通点は、「その大学の教員が監督を務めている点」「その監督が長期政権を敷いている点」にある。

関東学院大学では春口廣監督が１９７４年に着任。当時関東大学リーグ戦３部にいた少人数のクラブを１９８２年度に１部へ昇格させ、１９９７年度になって初めて日本一に輝いている。岩出雅之監督が帝京大学に招かれたのは１９９６年で、２００９年度に初の大学選手権制覇を決めるまで13年の時間を有している。その過程では、大学当局との関係性を深めることでクラブ強化への理解者を得たり、選手獲得のためのスポーツ推薦枠を拡大したりと、クラブと学校の両方との距離が近いことでできる取り組みが数多くなされてきたと見られる。帝京大学と３度大学選手権決勝を戦った東海大学でも、木村季由監督が同じような立ち位置でチームを強化していた。関西では、大阪体育大学を率いて関西大学Ａリーグを５度制した坂田好弘元監督も然り。現役時代は日本代表ウィングとして大活躍した坂田さんは、監督に就任した１９７７年から同大学で教鞭をとっていた。

大西先生もまた、「大学の教授をしながら長期政権を敷くことでチームを強化したラグビー新興校指導者」のひとりである。就任したのは１９７３年と、先に名前を挙げさせていただいた方々よりも前のことだ。いまのチームが持っているスポーツ推薦枠も、練習環境も、ラグビーのスタイルも、すべて大西先生の交渉力と情熱と執念のたまものだ。ご本人は「あくまでグラウンドに立って指導するのが指導者だ」というスタンスを貫き、毎日早朝練習から指導する。１９９０年度に初の関西大学Ａリーグ優勝を決め、以後も３度、頂点に立っている。

さらに全国大学選手権でも7度の4強入りと、強豪校に引けを取らない戦いぶりでファンの感動を呼びながら、田倉政憲さん、大畑大介さん、後輩の田中史朗など、多くの日本代表を輩出してきた。僭越ながら私も卒業後に日本代表に選ばれたひとりだが、当時のナショナルチームで受けた指導が大西先生のそれとリンクする部分が多々あったものだ。

私は大学卒業後にリコー、神戸製鋼、日本代表などでプレーし、ワールドカップイングランド大会に出た翌年の2016年から京都産業大学大学院マネジメント研究科へ通い、2018年3月に修士課程修了とともに現役選手を引退した。大学院に進んだのはコーチングキャリアを築いていくのにベストだと思ったからで、マネジメントを学ぼうと思ったのは私が選手時代に出会った優れたコーチの共通点に、優れたマネジメント能力があったからである。詳しくは後述するが、例えば日本代表で出会ったエディー・ジョーンズのマネジメントには学ぶべき点が多かった。

修士論文のテーマには、大西先生のマネジメントを選んだ。早稲田大学などの伝統校に比べて資源の確保に苦しむ新興校が、いかにして強豪校の仲間入りをするのか。その法則のようなものを紐解けば、ラグビーのみならず組織を運営する方へも何がしかの気づきを与えられるのではないかと感じていた。論文では、京都産業大学や大西先生に関する様々な既存データの収集、追加の聞き取り調査を実施。そのうえで自分なりに分析をおこない、新興校を強豪校に変えた主要要因を抽出したつもりだ。

もっとも、大西先生のキャリアを振り返るほど、大西先生の指導者としての真の魅力はマネジメントとは別の領域にあるのではと感じさせられた。結局のところ、大西先生は人情でチームを見て、育ててきたのだ。

そしてここにこそ、私が今回、大西先生のストーリーを本にしたいと思った動機がある。大西先生が意識してこられた、個人を大切にする組織運営を見つめ直したい。それが、今回の執筆のモチベーションである。

母校に激励に訪れた際の大西先生（右）と筆者 伊藤

個人を大切にできないものか。ここ数年、スポーツ界をはじめ多くの分野のニュースに触れるにつけ、そう感じさせられる。指導者が教え子に反則タックルを指示したとされる日本大学アメリカンフットボール部の「タックル問題」や、所属事務所を通さずに仕事をしたコメディアンが社内のパワーハラスメントに疑義を唱えた「吉本興業問題」……。あくまで世に出ているニュースを見たうえでの個人的感想だが、これらは「組織の運営や組織の勝利（成功）を優先するあまり、そこにいる個人を大切にするという観点が見失われていたケース」の一例なのではと感じさせられる。

一方で大西先生は、少なくない部員を抱える組織の長ながら一人ひとりの個人を大切にしているように映る。

最たる例が、２０１７年度の中川将弥主将へのアプローチだ。試合中に頸椎を損傷した中川は、一時は全身不随となったが、懸命なリハビリにより2019年に復学を果たした。大西先生は中川について「彼が学校を出てもしっかりと面倒を見ていく」と言い切っていて、自身の授業でゲストスピーカーを任せたり、就職のサポートをしたりと、ラグビーの指導者と選手という関係性を越えた絆を築こうとしている。

かくいう私も、社会人ラグビーへの挑戦、移籍などの際、大西先生から多大なる助言と尽力をいただいている。折に触れ、大西先生を「人を大切にする指導者」だと認識させられていて、これから指導者を志す我々が改めて共有すべき態度だと考えている。

大西先生は、この年限りで（2020年3月に）大学を退官する。それに伴い、監督業にもひと区切りを打たれる。これまで大西先生はいつも名物の朝練習に顔を出し、時に学生と熱く対話し、多くの日本代表選手を輩出しながら、その場その場の勝負に闘志を燃やしてきた。その歩みに間もなく、ピリオドが打たれようとしている。本書では、私が現役時代に得てきた体験や大学院で知り得た知見も交えながら、大西先生と京都産業大学ラグビー部の歩みを少しでも丁寧に描いていきたい。

大西先生のご自宅で「楽志」の書を見たのは、そう決意して数カ月が経った時のことだ。

※　本文中の敬称は総じて省略しますが、一部、伊藤と親交の深い登場人物には「さん」などをつけています。

ラグビー指導の哲学

大西健の「楽志」と京都産業大学ラグビー部の軌跡 1973-2019

目次

はじめに

第1章 出会い 11

1 阪神大震災とラグビー／2 赤と紺／3 セレクション／4 京の都へ
5 栄養合宿／6 日本一の練習量／7 雑草集団の主将として
8 東京／9 ひたむきに

第2章 プライドと家族 29

1 螺旋／2 挫折／3 責任感／4 そして神戸／5 キョウサン
6 イッショウケンメイ／7 1st Cap／8 JAPAN WAY
9 本当の準備とは／10 夢の舞台へ／11 ブライトンの奇跡
12 家族

第3章 大西健の指導哲学

58

1 人を大切に／2 アウトロー／3 人徳／4 理論と根性
5 青年監督／6 他競技から学ぶ／7 チームミッション
8 困難／9 栄養合宿の始まり／10 スクラムを軸に
11 セットピースラグビー／12 一つひとつ誠実に
13 タックルしてはまたタックル／14 歴史は浅くとも伝統校になれる
15 ひたむきに／16 何事も一生懸命／17 有言実行
18 今も昔も変わらない／19 プロップ／20 セービング
21 大義／22 学び続ける／23 絆

第4章 大学ラグビー新興校強化のメカニズム

107

1 伝統校と新興校／2 重量級監督／3 交渉力／4 長期政権
5 交渉力と長期政権のシナジー／6 戦略的適合
7 新興校強化のメカニズム

第5章　重量級監督インタビュー　121

1　「世界のウィング」から「心で見る指導者」へ
2　勝つことに重きを置くわけ／3　強くて「いい」チームとは

おわりに

第1章 出会い

1 阪神大震災とラグビー

練習中は決して座らないで長時間の直接指導をいとわない。そんな大西先生と私が出会う前には、いくつもの出来事が折り重なっていた。

もともと野球少年だった私がラグビーを始めたのは、中学2年生の頃のあの日がきっかけだといってもいい。1995年1月17日、阪神・淡路大震災で被災。揺れが収まって外へ出たら、住んでいた市営住宅は半壊状態。目前にはもともと建物があった場所に地平線が広がり、あちこちで火事も起きていた。見るものすべてが衝撃的で、地震があった当日は知人の車のなかで親友と恐怖のあまり手をつないで寝た。父が建設業を営んでいて、何より私自身が地震に負けない家を作りたいと思ったことから、進学先には県立の兵庫工業高校の建築科を選んだ。

高校では、目新しい運動部に入ろうと考えた。というのも野球では、震災の日に手をつないで寝た親友の方が上手だったのである。本当のトップレベルで活躍するにはまず彼より上手くなくてはならず、それは簡単ではない。もともと大きかった身体を活かせる別なスポーツで、頂点を狙ってみたかった。私は後に所属先で日本一を目指したり、日本代表としてワールドカップでプレーしたいと努力したりするが、運動でナンバーワンを狙う気質は当時から変わらなかった。根源的に、一番になりたいという思いを強く抱いていた。ちょうど高校で知り合った友達にしつこく誘われていたのもあって、ラグビーを選んだ。

格闘技的要素の強いラグビーは、私にぴったりだった。初めて練習試合に出たのは入部から約1週間後だっただろうか。まだルールも知らないなか、顧問の大川真澄先生から「ボールを持ったらとにかくまっすぐ前に走れ」と言われるままに相手選手とぶつかった。その瞬間、「あ、このスポーツだ」と直感した。建築科の授業で製図を引くのも楽しかったが、本当にのめりこんだのはラグビーの方だった。

当時の兵庫県のラグビー界では、いまでも強豪の報徳学園高校がぶっちぎりの強さを誇っていた。「花園」と呼ばれる全国高校ラグビー大会にも常にこの「ホウトク」が出ていた一方、兵庫工業高校は無名校に近かった。ところがちょうど私の代にはサイズのある選手が揃っていて、県大会で上位に進むことができた。すると競技を始めて2年目だった私は、兵庫県代表から声がかかる。そしてその兵庫県代表の指導者の方が、大西先生と天理大学の同窓生という間柄だったのだ。高校の先生を介して大西先生とお会いするのには、さほど時間がかからなかった。京都産業大学ラグビー部の練習へ、セレクションという形式で参加させてもらうこととなった。１９９８年だった。

2　赤と紺

スポーツ推薦による大学進学は、多くの若者と違った時間の過ごし方をすることを意味する。もしかしたら公立高校の学生にとって、二の足を踏む選択にも映りそうだ。ただし私には、どことなく周りと違う道を歩みたいという思いがあったのかもしれない。そのうえ私の高校では、ほとんどの生徒が卒業と同時に就職する。特別な形で大学へ進むことへ、私はわくわくした気持ちを抱いていた。

当時はありがたいことに、京都産業大学以外の学校からもお誘いをいただいていた。高校の先生を介し、大東文化大学の鏡保幸さんともお会いしている。

鏡さんが監督だった大東文化大学は、1980年代の大学ラグビー界に一大ムーブメントを起こした新興チームだ。いまでは当たり前となったトンガ人留学生を日本で初めて招き入れ、後に日本代表でも活躍されるシナリ・ラトゥさんらがいた1986、88年度は大学選手権で優勝。「トンガ旋風」「モスグリーン旋風」と称されていて、1989年1月15日に神戸製鋼とおこなった日本選手権決勝は、旧国立競技場の入場者数で歴代10位となる6万1105人のファンを集めた。

現在も特別顧問として同部に携わっておられる鏡さんは、とても気さくで話しやすい方だ。私が高校時代に初めて会った日も、「ぜひ来てくれよー!」と明るい口調で入部を誘ってくれたものだ。

国内有数の知名度を誇る学校に行くことにも魅力を感じた私だったが、最後は結局、京都産業大学へ進学することを決めた。遠い埼玉県での寮生活にイメージがあまり湧かなかったし、もうひとつ、これは大変に子どもじみた理由で恐縮なのだが、ジャージーの色は京都産業大学の方が好みだったのだ。

もちろん京都産業大学を選んだ理由は、赤と紺のコントラストが気に入ったからというだけでは決してない。関西大学Aリーグで1997、98年に2連覇と、私が高校生だった時の強化実績が魅力的だった。

さらに京都産業大学は、「日本一の練習量を誇る」と知られていた。高校生だった私もその噂を耳にしていたが、それに対してはおじけづくことはなかった。

そのきつさはいったいどれだけのものなのか……。

しんどい分だけ結果が出るのなら望むところなのではないか……。

私の胸に去来した好奇心は、セレクションで体験した猛練習で見事に打ち崩される。

3　セレクション

京都産業大学のセレクションはシンプルだった。

普段の練習についてゆけるかどうか。

以上。

他の強豪校が過去の実績を見たり、高校生同士に試合をさせたりするのとは違って、普段の全体練習に参加するだけだ。私もその例に漏れず、電車を乗り継いで京都市北区の神山グラウンドへ出かけた。

初めて参加した京都産業大学の練習は、とてつもなくしんどかった。開始したのが午後3時45分だったと記憶するが、給水ゼロで延々と続く猛練習。速く日が沈んでくれと思ったものだ。

組まれたセッションは、入学後にも繰り返す定番メニューの数々だ。まずは「ピックアップ」。ハーフウェイライン上のキックオフの地点に立たれた大西先生がゴロキックを蹴る。それを片側のサイドに並んだ3名の選手が追いかけ、そのうちのひとりが球に飛び込み、前転。ここから起き上がったボール保持者と残りの2名がパスをつないだり、接点でボールを直接手渡しする「リップ」という動作を交えたりし、ゴールラインまで全力疾走するのだ。

その途中でボールを落っことそうものなら、その組はもう1度やり直し。これをすべてのグループが3

回ずつおこなうのだが、さらに苦しいのはボールの獲得方法を変えながらこの「ピックアップ」が延々と続くことだ。回転しながらのダウンボール（ボールを地面に置く動き）、「くらいつき」と呼ばれるセービング（スライディングしながらボールを獲得する動き）、「くらいつきポップ（浮かせるパス）」など、多数のバリエーションが3回ずつおこなわれ、休憩できるのは他のグループが走っている時のみ。この流れは右サイド、左サイド両方でおこなわれ、終わった頃には1時間半は過ぎていただろう。もちろんこの時の私は「両サイド3回ずつ」といったルーティーンを知らなかったので、突然始まった猛練習が切れ目なく続く印象。途中で近くにいた先輩に「これ何本、走るんですか?」と問えば、「そんなこと聞かんと必死に走れ」と即答された。あぁ、ここはそういうところなのだなと直感した。

この「ピックアップ」が終われば、フォワードは1時間を超えるスクラム練習に入る。敵と味方に分かれ、ライブで組み続ける。最後は100メートルダッシュを5本繰り返して、ようやく終了と相成った。

18歳が体験するにはあまりに衝撃的だったかもしれない3時間を経て、大西先生からもらえた言葉には「OK」といったニュアンスが込められた。要は、スポーツ推薦による入学と入部が許可されたということだ。ここで首を縦に振れば「ピックアップ」も「スクラム」も日課となるわけだが、断るつもりはなかった。そんな逃げるような選択はしたくないからだ。後になって考えれば、そもそもセレクションを受けに来た段階で覚悟が決まっていたようにも思う。

4　京の都へ

必死に食らいついて京都産業大学ラグビー部の「入学試験」なるセレクションをパスした私は、199

9年3月、大学の入学式に先んじてラグビー部の寮へ入ることとなった。

私がいた兵庫工業高校は全国大会予選である兵庫県大会の準決勝で敗れたため、入寮までの期間は十分にあり準備万端であった。学校とグラウンドの間に位置した当時の寮はどちらへ行くにもバイクで5分くらいかかるため、高校のラグビー部を引退してからは教習所へ通った。自動車の免許を取った頃には親戚のおじさんから「入学祝い」として、銀色の原付バイクを買ってもらった。ヘルメットも似た色合いで、このセットを4年間乗り続けることになる。

入寮の日にちはさほど厳格には定められておらず、私が入った時にはすでに同部屋に別な同級生がいた。神戸の実家から荷物を搬入する際は、親にも手伝ってもらった。その日は練習がなかったこともあって、作業が完了してからは家族で食事をすることとなった。店を出て「またね」と別れたところで、「あぁ、本当にひとりで京都にやって来たんだな」と感じ入った。もともと寮生活には抵抗がないと思っていたが、何だかんだで、寂しかったのだ。

入部して早々、春の恒例行事であった四国九州合宿に向かった。そこでは陸上部かと思われるほどの走り込みが行われた。京都から四国まで深夜のフェリーに揺られ、到着して早々の坂ダッシュ10本。船酔いで三半規管が狂っているなかでの全力疾走に嘔吐する選手もいたほどだ。毎朝6時からの8キロ走では、35分以内にゴールという制限つき。このタイムより30秒遅れる毎に1周（400メートル）のペナルティが加えられる。入部したての1年生にとっては高いハードルだった。体重の重い選手が多いフロントローの選手たちは、20周（8キロ）を走り終えたと思いきや、ペナルティによりまた20周走るというように困難を極めた。入学式までに1年生はしっかりと痩せ細った。

入学式を終えて正式に入部すると、「ピックアップ」を主軸とする夕方の練習の他に朝練習にも取り組む。当時の朝練習の時間は7時からの約1時間。柔道場にバーベル台などを出してウェイトトレーニングなどをする。当時50人弱いた部員は半々に分かれ、片方の組がベンチプレス、デッドリフト、スクワットを、もう片側の組がサーキット系のメニューをおこない翌日には前日のメニューと入れ替わる。私が3年の頃からはストレングスコーチがついてくれてウェイトトレーニングのメニューは細分化されたが、それまでは大西先生がすべてを監督されていた。

時間を重ねると、先輩たちもこの練習を平然とやってのけているわけではないことにも気づく。特に苦しい練習メニューにはいくつかの俗称がついていて、何度も出てくる「ピックアップ」にスクラム練習と3000メートル走がある日は「ピクラム3000」と名づけられた。練習前に「きょうはピクラム3000かぁ」と憂鬱な声を漏らす部員がいたのは、当時のチームの風物詩である。

「さすが強豪校は、厳しい練習をするのだな」

一般的な県立高校でラグビーを始めた私は当初、このように現状を捉えようともした。しかし、部内にいた全国大会経験者に聞けば「いやいや、高校の頃はこんなにしんどくなかったわ。練習は大学の方が断然、厳しいいて」。同級生には進境著しかった東海大仰星高校、京都成章高校の出身者もいたが、「キョウサン」こと京都産業大学の練習には一様に面食らっていた。

1年生にとって苦しかったのは、全体練習以外にもトレーニングがあったことだ。先生が帰られてから始まる「後練習」は、先輩たちが下級生に課していた走り込みなどの追加メニュー。当時、「後練習」の存在理由を先輩に聞いたことがある。

「自分たちも後練習を乗り越えてきたから」

このことだけを聞くと理不尽な印象を受けるだろうが、京都産業大学の上下関係は当時にしては比較的恵まれていた方だったのかもしれない。というのも、寮が同級生同士の2人部屋で構成されていたのだ。年を重ね仲良くなった他大学の選手によると、先輩と後輩が寮の同部屋になるチームでは先輩が後輩を私用で使ったり、気に入らないことがあった先輩が後輩を小突いたりといった出来事が頻発していたという。その点、京都産業大学では、先輩が後輩のプライベートに干渉することは当時からなかった。大西先生も寮生活に口出しすることはそれほどなかったので、私も1年目からのびのびと暮らせた気がするし、普通に生活していればグラウンド外のことで叱られることはあまりなかった。

選手にとって、大西先生の存在は「気軽に口をきいてはいけない人」だった。別に大西先生が高圧的だったり、偉そうにしていたりするのではない。当時の体育会系クラブの空気が、その関係図を作っていたのではないか。ましてや大西先生は、この時すでに関西大学Aリーグで優勝を経験している。そんな実績のある方に、20歳前後の若造が意見を述べるような環境はなかった。

5　栄養合宿

当時から身長190センチと大きかった私は、1年目から主力にあたるAチームに入れた。秋の関西大学Aリーグ戦でも、初戦がリザーブスタートだったもののそれ以降はフランカーで先発する。

大西先生は選手に起用理由を直接伝える方ではないので、自分がなぜ試合に出られたのかはわからなかった。おそらく、そのあたりのことは自分で気づいて欲しかったのだと思う。当時で鮮明に覚えている風景はひとつ。後述する栄養合宿時に泊まる宿舎は夜10時に消灯するのだが、公式戦出場予定選手はその日消灯前に大西先生と1対1でミーティングを開くことになっていた。同志社大学戦の週だったと記憶するが、私は大西先生から何らかの訓示を受けた後、「ラインアウトでプレッシャーをかけます」と言ったのを覚えている。きっと1年生ながらに、自分の身長を活かして空中戦のラインアウトでチームに貢献したいと考えていたのだろう。先述の通り、当時のチームでは選手が大西先生と気安く話すことなどは稀。私が大西先生と面と向かって話したのは、この時が初めてだった。きっと、目が泳いでいたはずだ。

1999年度 全国大学ラグビーフットボール選手権大会 京都産業大学×明治大学

レギュラーに選ばれて得られる恩恵のひとつには、栄養合宿があった。これは京都産業大学ラグビー部きっての伝統行事だ。

大事な試合の1週間前から、大西先生とメンバーが寮とは異なる同じ場所で宿泊。夕食時は長テーブルを並べて大西先生はいわゆる「お誕生日席」へ、部員がそれ以外の場所に着座する。火曜が味噌鍋、水曜がちゃんこ鍋、木曜に焼肉、金曜に肉団子鍋、試合前日にあたる土曜は水炊きといった具合に、栄養満点のおいしい料理に箸を伸ばすのだ。食事中は部員同士で他愛もない話をしたり、試合の作戦面について即席の打ち合わせをしたりと、試合に進んでいく緊張感と和気あいあいとした雰囲気が調和され一体感が生まれる。1年生だった私も、この場でなら先輩とある程度は会話ができた。本当の意味で、チームの仲間になれた気がした。

就寝時間も全メンバーが同じで、寮生活で起こりがちな夜更かしはゼロ。当時スマートフォンがなかったこともあり、皆で健康的に過ごしながら一致団結できた。これが栄養合宿のメリットだと私は感じる。

私は幸運にも、卒業後に多くの監督やヘッドコーチのもとでプレーできた。なかにはマネジメント力に長けた指導者もいて、彼らも折に触れてチームディナーやイベントを実施してチームの一体感を紡ぎ出していた。選手時代に優れたマネジメントの事例に触れたことが大学院進学につながったことは、本書のプロローグでも伝えさせてもらった。

いま振り返っても、栄養合宿はひとつの戦略的なチームマネジメントだと私は感じる。このネーミングでキャンプを張っているチームは（私が知る限り）どこにもない。

6 日本一の練習量

栄養合宿のような帰属意識の芽生えるイベントも手伝ってか、私はどれだけ練習がきつかろうと退部を考えたことはただの一度もなかった。ただし、本当にきついと思っていたのもまた事実である。

そこから逃げるつもりはないが、そこにとどまり続けるのは心身ともにとてつもなくタフである。私が人生でそんな感覚に陥ったのは、京都産業大学での4年間と「エディージャパン」ことエディー・ジョーンズヘッドコーチ率いる日本代表での4年間だけだ。

私のような無名校出身者の多い京都産業大学が全国のトップを狙うには、想像を絶するような猛練習をするのがひとつの手段なのだと思う。事実、私たちは関西学生Aリーグで、高校時代に華々しい結果を残した選手のいるチームに何度も勝っている。そのたびに「あれだけ練習してきたのだから勝てたのだ」「過去の実績を現在のトレーニングで逆転させられた」と自信を掴むことができた。私が入学した後は関西3、4、5位と成績は下降線をたどっていたが、当時の私は日々の苦しい鍛錬に一定の意味を見出していた。

そうはいっても、過酷な練習は時に部員の反発を呼ぶ。私の前後の代ではその手の問題は起きなかったものの、練習量と競技結果がどれだけリンクするのだろうと首を傾げた部員はゼロではなかった。練習の厳しさゆえに出てくる不満だったのだろう。

何せ、時は2000年代。かねて猛練習で知られる早稲田大学でさえトレーニングの効率化を唱えていたなか、京都産業大学は往時の「日本一の練習量」を貫いていたのだ。

私は卒業後、ラグビーの勝敗に好影響を与えているであろうトレーニングをいくつか経験している。それらのトレーニングには、心身の負荷がかかるうえに状況判断を問うものが多かった。つまり、プレッシャーのかかった状態で最もその状況に適した意思決定をおこなうのだ。当時の京都産業大学では、この意思決定能力の向上を練習試合や15対15の実戦形式の練習でカバーしていたが、それよりもラグビーの基礎となるランニングフィットネスや京都産業大学の基本戦略であるスクラム、モールの反復練習に時間を割いていた。おかげでフィットネスを極限まで引き上げ、強力なスクラムやモールを磨き上げることができた。そのため強豪校との試合でも相手を倒したり、組み合ったりという「地」の部分では勝負ができた。

しかし一方で、空いたスペースに効率的にボールを運んだり、攻撃の順序・法則（シークエンス）で攻めるような部分では強豪校に分があった。

相手のうまさにいなされ惜敗した後にも「もう1試合くらいできるんちゃうか?」と思えてしまうくらい持久力はあったのだが、裏を返せばその持久力を80分の試合時間内にフル活用しきれなかった時があったのだ。

そもそも、選手の猛練習への取り組み方自体に問題があったのかもしれない。人間の適応能力は驚異的で、猛練習にも慣れるものだ。そんな慣れが芽生えると、各種トレーニングメニューに合わせて自分の体力が最後までもつよう自然と力をコントロールし始める。あの日の猛練習をより一層試合のための猛練習に昇華するには、もっと出し惜しみしない態度でグラウンドに立つべきだったのだろう。

7 雑草集団の主将として

サッカーワールドカップ日韓大会の開幕が近づいていた2002年春、私は京都産業大学の主将に就任することとなった。

主将の選定は大西先生の専権事項だ。春、チーム円陣の場で指名された時から、私の主将人生が始まった。とはいえ1年時からレギュラーだった私は、チームの浮沈のカギを握る主将という役割を担ってみたかったし、自分がやるべきだとさえ思っていた。ひとつ上の学年が抜けてから新チーム本格始動までの間も練習があったのだが、当時から私は全体の動きに目を配ったり、ランニングで先頭を走ったりしていた。自然な流れで就任できたことで、身が引き締まった。

主将になって変わることは、大西先生とのコミュニケーション量だ。主将は朝練習が始まる30分前、必ず柔道場の2階にある大西先生の研究室へ行くことになっていた。2人きりになって、前日の練習内容や直近の試合について意見を交わす。当時の私はいまほどラグビーの知識があったわけではないので、提案らしい提案はしていない気がする。ただ、1年生の時に初めて1対1のミーティングをした時よりも落ち着いて話せたのは確かだ。日ごとにお互いの考えや思いを、深く理解し合えた気がする。

2002年 ニュージーランド遠征でのチーム集合写真

　私が仲間に訴えたのは、「とにかく大西先生の方針を信じよう」の一点だった。

　先述の通り、鍛えに鍛えたおかげでエリートたち強豪校を打ち負かした自負があった。だから「前年度以上にタフに鍛えれば、それまで越えられなかった壁を越えられるはずだ」と強調したのである。

　そもそも大西先生は、私が入学する何十年も前から同じスタイルでこのチームを鍛えている。たったひとりの主将が何かを言ったところで、大きく方針が変わらないであろうことも容易に想像できた。だから、意識次第で変えられる自分たちの態度を見つめ直そうと考えたのだ。

　チーム方針を半信半疑で取り組むのと、真正面から信じて取り組むのでは、後者の方がはるかに力をつけやすい。その普遍的な真理は、私たち京都産業大学のラグビー部にも通じるものだった。同級生をはじめとした当時の部員は、私が言った「信じよう」の言葉を文字通り信じてくれ、必死に「ピクラム3000」と向き合っていた。

もちろん、ただ「きつい練習を一緒に頑張ろう」と言うのでは皆がもたないとも感じていた。ここで私が打ち出したのは、「自分たちがなぜこのきつい練習をしているのか」という大義のようなものだった。

後述するが、京都産業大学ラグビー部には「いついかなる時もチャンピオンシップ（日本一）を目指す」というチーム理念がある。さらにその「チャンピオンシップを目指す」の前提には、京都産業大学がスター選手の少ない「雑草集団」だという現実がある。本当に日本一になるには、どのチームよりも愚直に、タフに戦うしかなかった。

このロジックは、時間が経つほど選手のなかに腹落ちする。

「どこよりもひたむきなラグビーを見せて、結果として日本一になろう」

大西先生が打ち出したこの言葉は、スムーズに部内へ伝播していった。

8 東京

私にとってラストイヤーとなる2002年9月、関西大学Aリーグが始まる。チームはいくつかの課題を抱えながらも、快調に白星を伸ばしてゆく。

学生の「本分」と言われる学業については、4年生の前期までに卒業単位をすべて取り終えていた。京都産業大学での単位取得には、各人のセルフマネジメントが求められる。当時、4、5限に組まれる授業はトレーニングがあるため受けられず、選手は1〜3限の授業によって必要単位を取得しなくてはならなかった。このように履修選択の際は、クラブの事情を念頭に置かねばならないのである。そんななか私が卒業に差しさわりのない状況を作れたのは、はっきり言えば一般学生の友人のおかげである。タフなこの世を生きるには要領も必要なのだ。

在学中に目鼻をつけなくてはならない案件には他に、就職があった。京都産業大学のラグビー部では多くの選手が一般就職を希望し、人とのつながりを重んじる大西先生もできるだけ多くの就職口を部員に提案。強豪ラグビー部の戦力として企業に入る部員へも、大西先生は丁寧にアドバイスをされていた。

私は幸いにして、国内トップリーグの複数のクラブからお誘いをいただいた。最初に声をかけてくれたのが、最終的に入社するリコーブラックラムズだ。東京都世田谷区で活動する黒いジャージーのチームは、私を大学3年時からチェックしてくれていたようだ。同シーズンの大学選手権では優勝する関東学院大学とぶつかったが、フランカーだった私はタックルにタックルを重ねた。その姿を、当時同部の採用に携わっていた砂村光信さんに評価していただいたのだ。砂村さんはもともと関東学院大学の選手を観に来られていたようだが、私のパフォーマンスを見て方針転換したという。後でその話を聞いた時は、本当に嬉しかった。

私を採用したいと言ってくれた企業には、当時下部リーグにいたホンダヒート、後に移籍することとなる神戸製鋼コベルコスティーラーズ、最後まで私のなかでリコーと両天秤にかけさせていただいていたワールドファイティングブルがあった。

全国的名門の神戸製鋼は、お声かけをいただくタイミングが遅かったため選択肢に入りづらかった。かたやリコーよりやや遅れてラブコールをいただいたワールドには、多少、心が揺れたものだ。当時トップリーグにいたワールドは、天然芝グラウンド2面というぜいたくな練習環境を完備。しかも本拠地は私の地元の神戸市とあって、魅力的な働き場に映った。

それでも最終的にリコー入りを決めたのは、大西先生の言葉がきっかけだった。就職相談の際、大西先生に飲みに連れられた。1軒目は京都の三条大橋あたりの居酒屋「赤垣屋」に入ってビールを酌み交わした。さらに2軒目はホテルオークラのバーだったのだが、ここで大西先生は「お前はリコーに行け」と強く仰られた。聞けば、大西先生は私がバックロー（フランカーなどのフォワード第3列）で日本代表になれると踏んでいたようだった。そんななかリコーは私をバックローとして採用するとしていて、地元のワールドは私をロックとして採ると言っていた。だから大西先生は「ラグビーで成長するのなら、リコーに行くのが一番だ」と強く勧められた。

よく考えてみたら、私がワールドに惹かれた理由は地元に近いという立地的な要素が主だった。もしリコーが関西にあれば、「一番先に誘っていただいたから」と一切迷わずリコーを選んでいたような気がした。もし進路で迷っている理由が場所の問題だけなのだとしたら、大西先生が「ラグビーで成長するなら」という観点で勧めてくれたリコーへ行くのも悪くないのではないか……。最終的には卒業後の上京を決め、大学ラストイヤーに集中することとなった。

9　ひたむきに

私たちのチームは久々に関西大学Aリーグで2位をマーク。大学選手権の前には恒例の栄養合宿をおこない、チームの士気は上がっていた。順当にいけば2戦目で関東学院大学とぶつかれるとあって、充実した気持ちでクライマックスへ突入する。

ところが、結末はあっけなかった。中央大学との1回戦では前半のチャンスを何度も取り逃がし、あっさりと負けてしまった。敗因はずばり、中央大学に勝つ前に中央大学に勝った後のことを考えてしまったことだろう。目の前のことに集中しないで勝てるほど、日本一を争う舞台は甘くなかった。大西先生は「これがラグビーや。こういう負けも受け入れな、しょうがない」と訓示されていた。本当は、悔しかったと思う。

私が京都産業大学のラグビー部で学べたことは、ひたむきに戦うことの大切さだった。ひたむきにやれ。言葉にするとあまりに簡潔に映るだろうが、その実相はとてつもなくタフで、厳しい。ここでのひたむきとは、ただ一生懸命に頑張るというのとは明らかに違う。一つひとつの頑張りに必死さをにじませたり、「何が何でもこれは譲れない」というプライドを懸けて戦うことが、京都産業大学で求められるひたむきさなのだと私は思う。その意味で最後の中央大学戦は、痛い星を落としたことでひたむきさの必要性を学べた厳しいレッスンと言える。

私が京都産業大学に根づくひたむきさを最も深く学べた機会は、4年時の関西大学Aリーグ初戦とその後の練習である。この初戦では大阪体育大学に31―29と僅差で勝つのだが、「京都産業大学がもっとうまく試合を進められたのでは」と見られてもおかしくない内容だった。さらにその試合のハーフタイム直前、私が目の前のルーズボールへ飛び込まなかった場面があった。その時の私は、その場へ飛び込めるだけの体力を有しながらも次のプレーに備えてしまっていた。秋の公式戦初戦とあって気負いがあったのかはわからないが、とにかく、ルーズボールに働きかけられなかったことで相手に勢いを与えてしまったのだ。

大西先生はその点を見逃さず、週明けの朝練習前の1対1の場で
「ここや！　こういうところを大切にせんと！」

と試合映像とともに指摘された。

その週の「ピックアップ」ではひたすらルーズボールへのセービングを課した。

たったひとつの場面で必死に、ひたむきにプレーしなかったことで、大きなピンチを迎えたり、勝機を逃したりすることもある。そうしたラグビーというスポーツの怖さを、大西先生は教えたかったのだと思う。

京都産業大学が求めるひたむきさは、技術論に収まらない勝負の本質でもあった。

そして、私がここで本当の意味でのひたむきさを学べたことは、後の競技人生に小さくない影響を与えるのである。

第2章 プライドと家族

1 螺旋

2003年に入社したリコーでは、6年間、お世話になる。ここで自分が京都産業大学の卒業生でよかったと感じる瞬間は、たびたびあった。

先述した通り、京都産業大学は「日本一の練習量」で知られる。朝からウェイトトレーニングがあり、夕方は「ピクラム3000」に代表されるひたすら走って、当たる練習に終始。オフはそう多くないため、リコーで組まれる練習スケジュールをハードだと感じることはあまりなかった。

当時のリコーには週に2回オフがあり、基本的には練習があるのは1日に1度。2部練習はほとんどなくウェイトトレーニングだけの日もあった。当時は他の社会人チームもほとんど同じだったと思うが、京都産業大学出身者としては「もっと鍛えた方がよいのでは」と捉えてしまう。もともと休み過ぎると不安になる性分もあってか、私は全体練習以外の時間も自主的にジムへ通ったものだ。コーチ陣から「休むことも大事だぞ」とよく言われた。大西先生のもとで植えつけられたメンタリティは、新天地でも生き続けていた。

社会人になってからは、毎年オフに大西先生のご自宅にお邪魔するのが恒例行事となっていた。在学中とは違い、気兼ねなく話ができるようになっていた。

部員とラグビーそのものへは厳しい大西先生だが、もともとは穏やかでひょうきんなところもある方だ。在学中も、練習前のグラウンドで見る大西先生には驚かされたものだ。京都産業大学教授でもある大西先生は一般学生向けの体育の授業を受け持っていたが、その時の学生とのやり取りは部員との関係性からは想像もつかないほどフランクなものだった。部員同士で「俺らと喋る時と全然ちゃうやん」「一般学生はええなぁ」と言い合っていたのは、いい思い出である。

私は大学を卒業したことによって、大西先生と社会人同士の他愛もない会話ができるようになった。ただし大西先生からは「いつも応援しているからな」と言われる他、これといった訓示を受けることはなかった。リコーのチーム事情などについてこちらから何かを相談することもなく、裏を返せば、もっと色んなことを相談すべきだったのかもしれない。

国内有数の古豪であるリコーには、日本代表として1999、2003年のワールドカップに出場された田沼広之さんら素晴らしい選手が集まっていた。しかし一方で、大西先生のように長く携わる指導者はいない。特に2006年までは毎年、首脳陣が入れ替わり、チームが固まる前にシーズンがやってきてしまう印象だった。

2004年には元オーストラリア代表スクラムハーフで同国、イングランドで指導実績のあるブライアン・スミスがヘッドコーチに就任。彼の適切なマネジメントに、私は感銘を受けた。トレーニングのPDCA、すべての選手への公正な評価、綿密なチームスケジュールの計画……等々の組織運営が適切であった。これに加え、チーム強化のためにと思考し続ける姿を目の当たりにすれば、選手は「この人についてゆけば間違いない」と思えて、結果としてその指導者の訴える戦略・戦術がチームに浸透するのだと改めて感じた。

チームミーティングでも、スミスの指導法は見事だった。選手へスムーズに思いを伝えるべく、掲げるフォーカスポイントは3つ以内。私は引退後、日本代表で指導を受けたエディー・ジョーンズのコーチングクリニックへ出向いたが、ここでも「コーチが選手へ落とし込む情報は、シンプルにした方がいい」と言われていた。いまコーチングの鉄則とされている「シンプルに伝える」という行為を、スミスは当時から実践していた。

ところがこのスミスも、たった1シーズンでチームを去ってしまう。その後は——私の大きな反省だが——その後着任するコーチたちにもスミス流のマネジメントや指導法を求めてしまう自分がいた。

スミスがいた時代にレギュラーのフランカー兼副将としてプレーした私は、2005年にはニュージーランド留学をさせてもらえた。その後、公式シーズン1カ月前に帰国した私に見えたものは、新任のヘッドコーチの戦略・戦術が定着せず、悪戦苦闘しているチームの姿であった。どこをどうすればチームがよりよくなるのかわからなくなり、改善点をあれもこれもと挙げていくうちに悪いところがどんどん際立っていく。当時のリコーにはベースとなる軸がなかった。負のスパイラルから不満は生まれ、それらが選手とスタッフとの間の信頼関係にひびを入れたり、プレーの停滞感を招いたりしていた。リコーは国内最高峰のトップリーグに加盟していたが、2005年のシーズンはスミス時代に続いて2年連続で下部との入れ替え戦に突入し、降格を免れるのがやっとだった。そしてまた外国人ヘッドコーチは1年でチームを去っていった。

2 挫折

私がリコーの主将に就任したのは、チームが低迷脱却を図る2006年のことだった。かねてより社会人チームで主将をしたかったため光栄な指名であったが、待ち受けていたのは厳しい現実だった。

それまで外国人コーチを入れ替えてきたチームは、日本人コーチを中心としたチーム作りに舵を切る。ところが、そこでも大西先生率いる京都産業大学のような確固たる方針があったわけではない。ラグビーに専念するプロ選手、社業や引退後の生活が気になるベテラン社員選手、まだ状況を呑み込めない若手選手と、学生時代にまとめたチームと違うバラエティに富んだ選手たちは、芯の見えづらい状況に戸惑うほかない。当時社会人4年目だった私も、彼らの先頭に立つのには難儀したものだ。

2006年も入替戦に出場。続く2007年はそれまでと違って前年度と同じ体制でトップリーグに臨んだのだが、状況を好転させるには至らなかった。

当時は、練習の前には必ず円陣を組み「日本一の練習をしよう!」と掛け声をあげていた。当時の副将で現明治大学コーチの滝澤佳之と「毎日、日本一の練習をすれば、必然的に日本一に近づくのでは」と話し合い、「日本一」という言葉を頻繁に使うようにしたのだ。

ところが、その言葉に意味を持たせるような具体的なアクションは起こせなかった。チーム作りに言葉の力は欠かせないが、ただ掲げただけの「うわべの言葉」は大きな効果を生まないのだ。

シーズン中は黒星が先行し私自身も怪我に泣いた。何とか終盤戦には復帰できたが、2008年1月26

日、下位争いをしていた九州電力との試合で17―20と逆転負け。翌日の他チームの試合結果を受け、入替戦を待たずしての自動降格が決まってしまった。私は当時の取材で「大きな組織なので、意見が通らない時もある。信頼関係が強く結ばれていないのかなと。選手間も、選手とスタッフ間も」と答えている。

もちろん、これらのレビューは後になってからの総括であり、その時、その時は一生懸命に状況打破を試みていたと確信を持って言える。何より、この苦しいチーム状況を「自分事」として向き合っていたからこそ、いまは「チーム状況が苦しい場合は、その組織内でどんなことが起きているのか」を実体験に沿ってイメージできる。当時のチームの公式ホームページで公開されていた私たちの試合や練習のリポートは、本書の共同著者でライターの向さん（当時のチームリポートを担当）からプレゼントしていただいた。当時の負けた経験も今となっては貴重な経験なので大切に保管している。

貴重で、悔しい経験を積んだ私はこの時27歳。降格したシーズンにはワールドカップフランス大会があり、4年後のニュージーランド大会は31歳で迎える。まだ選ばれたことがない日本代表に入って大舞台を踏めるのは、そのニュージーランド大会が最初で最後となるかもしれない……。さらなるジャンプアップを目指す私は、大西先生へ相談を持ちかけた。

3　責任感

遡ればリコーのキャプテンになる時、大西先生からひとつの言葉をいただいていた。

「社会人のチームでキャプテンをやるにあたっては、何かひとつ『これ』と言えるものを持て。スクラムを絶対に押すでも、モールにこだわるでも何でもいい。もちろん、ラグビー以外のことでもかまわない。

2008年 トップイーストリーグでの試合前の円陣

そして、常にそのことをチームの皆に問い続けなさい」

いまになってみれば随分とありがたい言葉をいただいていたと思うが、当時の私はこれをうまく解釈できなかったと思う。自分が一生懸命にファイトすることは貫けたはずだが、チーム内における「これ」の設定はその時々のコーチに委ね過ぎてしまっていた。いま振り返れば、チームのスタッフやベテラン選手に「僕はこんなビジョンでチームを強くしたいから、この部分をアシストして欲しい」と明確なお願いをしていった方が物事はうまく運んだと感じる。私は何分、人に頼るのが下手なタイプだった。

自分がキャプテンとして率いていたチームが降格した2007年度終了後も、大西先生のご自宅へ報告に伺った。実はこの時、胸のうちにある思いが去来していた。大西先生には、明確な言い方こそしていないが、「ずっとこのままでいいのかは、考えています」と伝えた。きっと、意味をわかってもらえたのだろう。「何をするにしても、お前の判断次第だ。ゆっくり考えてみ」と返答された。

「まずはもう1年、やります。トップリーグに戻してから、それからのことを考えます」

私はこの時点で、リコーを離れようと思い始めていた。

2005年のニュージーランド留学を経てプロ選手への憧れを抱いたこと、日本代表に選ばれるためにも上位チームで自分のキャリアアップのためにプレーに集中したくなったことなどがその理由だ。ただし、主将として率いていたチームが降格した責任は感じていた。まずはもう1シーズン、チームに残って主将として下部のトップイースト（当時）を戦い、昇格を決めたうえで「それから」のことを考えようと決意した。このようなセンシティブな話をチーム関係者より先に大西先生に話したのは、最初にリコーを進めてくれたのが大西先生だったからにほかならない。

来る2008年シーズン。変革を期したリコーは、オーストラリアから元明治大学ヘッドコーチのトッド・ローデンを新ヘッドコーチに招いた。ローデンは早朝練習を含めた1日3回のトレーニングを課し、ローデンとともにやって来たランス・ヘイワードコーチがベーシックスキルを底上げ。さらにはシチュエーションごとの選手の立ち位置を事細かに設定したうえで、それをクラブハウスの共用スペースに張り出した。ハードかつ緻密に戦うよう、一切のグレーゾーンを廃した。夏のチームビルディングでは富士山へ。選手、スタッフ全員で登山し、ご来光を見てクラブの絆を深めた。トップイーストのシーズンが始まる頃には、選手たちのattitude（ローデンがよく使っていた言葉）、身体つきは明らかに変わっていた。さらに同年には、元オーストラリア代表スタンドオフのスティーブン・ラーカムも加わっていた。通称「バーニー」は、バックスの居残り練習に付き合うなど若手に好影響を与えた。私にとっては、潜在的に求めていた環境を与えられた格好。感謝するほかなかった。

もっともこの状況の変化によって、当初の決意を覆そうとは思えなかった。

トップイースト全勝優勝と責任を果たした私は、そのシーズン中に痛めた膝の手術をすると同時にチームへ退団を申し出た。

4　そして神戸

1年でトップリーグ復帰を果たし、新天地で代表入りを目指そうとした私だったが、思うに任せぬ事態に直面した。リコーの一部の幹部の方が私の移籍に強く反対し、リリースレターという移籍承諾書を出さない方針を打ち出したのだ。

当時のトップリーグの移籍規定上、移籍元が移籍先でのプレーを認めるリリースレターを発行しなければ当該選手は移籍1年目の公式戦でプレーできなかった。このルールはチーム間の引き抜き行為をけん制するために敷かれていたようだが、ここでは私と移籍元のフロントとのコミュニケーションミスが災いしてしまった。2011年のワールドカップを目指す私としては、日本代表のメンバーが固定されていない2009年のうちに新天地でアピールしたかった。しかし、提出期限となる2009年8月31日になってもリリースレターを受け取れなかった。このことについて大西先生は怒ってくれたが、この制度は2017年度まで継続される。

幸いにも、私の地元神戸にある神戸製鋼コベルコスティーラーズはリリースレターがない状態の私を受け入れてくれた。神戸製鋼ではケガのリハビリに専念できたし、古巣のリコーの選手からも自分の決断を応援されているのを感じていた。決して、「試合に出られなくてよかった」とまでは思わないが、試合に出られなくなったことで多くを学べたのは事実だった。何より神戸製鋼とはプロ契約を結んでいたため、復帰後のプレー次第ですべてを失ってしまいかねないという緊張感をも獲得できた。

このプロ選手としての自覚がなければ、その後37歳まで現役を続けることは決してなかっただろう。復帰初戦は忘れもしない、2010年9月4日。大阪の長居スタジアム（現ヤンマースタジアム長居）でのトップリーグ開幕戦に後半10分から途中出場した。

2010年 神戸製鋼での初めての公式戦出場
写真提供：神戸製鋼コベルコスティーラーズ

この一戦を前に、神戸製鋼所属でテストマッチ（代表戦）世界最多トライ記録を樹立した大畑大介さんがそのシーズン限りでの引退を表明。スタジアムには、当時にしては多くのメディアが集まっていた。

そこは私にとっては、飢えていたラグビーの真剣勝負に触れられる最高のステージだった。

グラウンドに出るや外国人選手に対して得意のタックルが「ドンピシャ」のタイミングで決まり、すぐ起き上がってボールを奪ったことは明確に覚えている。久々の緊張感に背中を押されながら、渇望を満たすことに集中した。試合はクボタに34―3で快勝した。この約30分間は、人生で最も燃え上がった時間のひとつに数えられる。

5　キョウサン

私がプレーした神戸製鋼は、日本ラグビー界きっての名門クラブである。1988年度からは全国社会人選手権、日本選手権で7連覇を達成。トップリーグでも初年度に優勝し、以後も常に上位争いを演じてきた。大学ラグビー界の有名選手、特に関西出身のプレーヤーにとっては憧れのチームのひとつである。

私が在籍した時代は、京都産業大学出身の先輩や後輩も複数いた。個別の選手に関するエピソードは後に触れるとして、ここでは「キョウサンのトップリーガー」に通じる特徴についてお伝えしたい。

ずばり、「キョウサンのトップリーガー」は総じて、ひたむきである。

どちらへ転がるかわからないルーズボールへの反応、抜け出したかに見えた相手を追いかけてのタックル、びっしり埋まった防御ラインの隙間を必死に駆ける、「キョウサンのトップリーガー」はプレーの細部にらしさをにじませている。

さらにフォワードの選手の場合は、ボール保持者を軸に固まって押すモールで「キョウサンらしさ」を出す。モールでは、攻撃側がどれだけ相手の妨害を排して味方同士で固まれるかがカギ。逆に防御側としては、攻撃側の思惑を崩すよう人と人との間に素早く頭と肩を差し込みたいところだ。京都産業大学では、大西先生が「チェーンモール」という選手が鎖のようにつながったモールの理論を提唱している。そのため卒業生は、モールで細部を突き詰める意欲が人一倍強いと言える。神戸製鋼でモール練習をした際も、自分が頭を差し込もうとした場所へ相手側の「キョウサン」OBが頭を入れていたことが何度もあった。いざ塊を組んで前に進む際も、相手側に入った「キョウサン」のフォワードは簡単に頭をずらしてくれない。しつこく、必死で、ひたむきだ。

ひたむきなのはグラウンド内だけではない。リコー時代に後から入ってきた長江有祐（現豊田自動織機）

は、本当にウェイトトレーニングが好きだった。学生時代に毎朝厳しいウェイトトレーニングをしてきた私たちにとって、チームスケジュール外のエキストラトレーニングは決して難しいことではないのだ。

新大地で充実した2010年シーズンを過ごせた私だったが、2011年、目指していたワールドカップニュージーランド大会への出場は叶わなかった。この時で31歳。2015年のイングランド大会を目指すのは、年齢的にあまり簡単ではないだろう。大きな声では言わなかったが、当初掲げた移籍理由だった「日本代表入り」は、自分の頭のなかで消すしかないと考えた。せめて、生まれ育った土地のチームで優勝を経験したい。ニュージーランド大会後のトップリーグではその思いで戦い、足に手術後のボルトを差し込んだままプレーした試合もあった。

だからシーズンオフに舞い込んだ知らせは、まさに晴天の霹靂だった。

6 イッショウケンメイ

神戸製鋼のチームマネージャーから1本のメールを受け取ったのは、シーズンオフだった2012年の2月下旬頃。この時も、ジムでトレーニングを終えた後だった。

メールの内容は、日本代表入りの知らせと、その後の合宿のスケジュールについてだった。

ニュージーランドでのワールドカップで未勝利に終わった日本代表はこの時、大幅に体制を刷新。新たにヘッドコーチとなったのは、エディー・ジョーンズだった。過去にはオーストラリア代表監督や南アフリカ代表のテクニカルアドバイザーとしてワールドカップ決勝を経験。世界的名将のひとりが、同大会通算1勝の日本代表を率いることとなった。直前までサントリーの監督を務めていたエディーは、2012

年3月、新生日本代表の30名と数名のバックアップメンバーをリリース。ここでロックの位置に入った私は、予めその報せを耳にしていたのだ。

ずっと日本代表を目指してきた私としても、このタイミングでの招集には驚くほかなかった。何せ2011年のワールドカップ出場を逃した時点で、私は代表入りを半ばあきらめていたのだ。4年後の本番を見据えたスコッドに30歳を過ぎた代表未経験者が入る可能性がどれほどのものか、長くこの世界にいれば嫌でも想像がついてしまう。

ところがエディーが下したのは、私の常識を超えた決断だった。

リーチ マイケル（当時はマイケル・リーチ）や田中史朗、堀江翔太といった2015年に中堅となるメンバー、大卒1、2年目だった立川理道や田村優らに加え、大野均さん、小野澤宏時さんといった長らく代表を支えてきたシニアプレーヤーもラインナップ。まだ高校生だった藤田慶和を抜擢しながら、キャプテンにはそれまで5年間代表を離れていた廣瀬俊朗を据えた。フィジカリティで強豪国に対抗できる海外出身者は以後、徐々に増やすこととなるが、この時は30名中29名が日本出身者だった。

国際経験の少ない私を選出した理由について、エディーはメディアの方へ「イッショウケンメイ」と説明したらしい。ラインアウトの安定感やプレッシャー下でのタフなプレーも期待してくれていたようだが、第一声が「イッショウケンメイ」だったのは興味深いではないか。この時の30名中、私を含めた5人が京都産業大学出身者だった。後に想像を絶する猛練習を課すエディーは、どこかで「イッショウケンメイ」のDNAを求めていたのかもしれない。

ちなみにこの時の日本代表のアシスタントコーチは、元東芝監督の薫田真広さん。薫田さんは2009

年に日本選抜の指揮官を務めていて、リコー時代の私を主将に指名してくれた経緯がある。努力を重ねていれば、見てくれている人はいる、ということだ。

イングランド大会までこのチームに残れるかはわからないが、心を込めたプレーで観ている人に何かを感じてもらいたい。そう決意を新たにし、静岡はつま恋でのファーストキャンプに向かった。

7　1st Cap

2012年4月、初めて日本代表の合宿に参加した。憧れのサロンへ入会する気分は、ほんの少しだけ複雑だった。というもの、当時31歳と年齢的にはベテランの域だったが、代表のキャリアでいえば全くの新人だ。自分より国際経験のある後輩もいるとあって、最初はどんな立ち振る舞いをすべきか戸惑っていたのだ。最初に抱いたものは、ひとつ。見るもの、感じるもの、経験するものをすべて吸収する決意だった。

特に興味深かったのは、エディーがどんな指導をするかだった。

エディーは海外で実績を残しただけでなく、日本のサントリーでも日本選手権2連覇と成功を収めていた。神戸製鋼のメンバーとして対戦したエディーのサントリーはポゼッションラグビーを提唱。自陣22メートルエリアからもボールを保持し、トライラインまでミスせず攻め切るのが特徴的だった。それを実現するフィットネスと信念はいかにして作られているのか、敵ながら興味津々だった。

「TOP 10」

緊張して臨んだファーストミーティング。エディーは目の前のホワイトボードに大きく書き出していた。世界ランキングで10位以内を目指す、という意味だ。いずれこの目標は「トップ8」に上方修正されるのだが、この目標を実現可能と思わせるのもエディーならではだった。

「これまでの負けたテストマッチでは、ラスト20分で点差をつけられているだけだ。このラスト20分をしっかりと走り切れるよう、フィットネスを世界一にする」

これを耳にした時点で「どうにかなるのでは」と思わされたものだし、エディーはその直後に嵐が舞うなか凄まじくタフな練習を実施。本気度合いを知らしめるには十分だった。いまにして思えば、この日の出来事は——当日の天候を含めて——以後の4年間を暗示するものだったと思わされる。

私が代表デビューを飾ったのはその年の4月28日。中東はカザフスタンのアルマティセントラルスタジアムでの「ＨＳＢＣアジア五カ国対抗２０１２　カザフスタン代表対日本代表」にナンバーエイトとして先発。国を背負う高揚感と責任感が、皮膚を覆った。

8　JAPAN WAY

日本代表のエディーは、ある意味で京都産業大学の大西先生に似ているところがあった。とにかく選手に妥協させないところ、厳しい練習で選手にプレッシャーをかけるところ、厳しさで成長を促してくれるところは、確かに両者に共通していた。

ビジョンが確立している点も似ている。大西先生は「フォワードがスクラム、モールで前に出て、バックスがそれに応えるラグビーでひたむきに戦い大学チャンピオンを目指す」で、エディーは「世界一のフィットネスと世界一のアタッキングラグビーでトップ8を目指す」。目先の試合結果には左右されない。大西先生が勝った試合の後にルーズボールへ飛び込まなかった私を叱ったのは先に触れた通り。一方でエ

2013年 日本×ウェールズ（秩父宮）試合前の国歌斉唱

ディーは、事前に掲げた攻撃指針を貫けたのなら試合に負けても正しく評価してくれた。逆にリコーの低迷期は、試合結果に引っ張られて対戦相手に合わせた方針に流されることが多かった。信念を持つこと、さらに言えば指導哲学を持つことは、指導者にとって最も重要なことだと思う。

京都産業大学時代の財産で代表活動に生きたのは、身体動作だ。

エディーは就任初年度から、総合格闘家の髙阪剛さんをスポットコーチに招いていた。各選手がトップリーグでおこなっている高い姿勢でのコンタクトでは、自分たちより身体の大きな海外代表とのフィジカルバトルに勝てないと看破。身長180センチ台ながら2メートル前後の外国人と戦ってきた「世界のTK」こと髙阪さんに格闘技系のメニューを任せ、相手に低く突き刺さる身体動作を植えつけようとしていた。

髙阪さんは実戦的なセッションを通し、相手の目の前で低い姿勢を取る「ダウンスピード（後にTKスピー

2013年　日本×ウェールズ（秩父宮）ラインアウトでの攻防　撮影：長岡洋幸

ドとチーム内で呼んだ）」などの意識を伝授してくれた。腰高に当たる癖のついた選手はこの動きの習得に苦労していたが、私は比較的スムーズにこの動きをマスターできた。

　思い返せば髙阪さんの「ＴＫスピード」は、京都産業大学時代の「食らいつき」に似ていなくもなかった。「食らいつき」とは、トップスピードで走りながら地面に転がるボールへ飛び込む動作。前方へ移動しながらのセービングである。瞬時に体勢を低く沈めるという点では「ＴＫスピード」に通じるところがあった。

　京都産業大学ではその他にも、低い姿勢でおこなう泥臭いメニューがあった。エディーが世界で勝つために必要だとする身体の動きを、私は京都産業大学でマスターしていたと言える。

　京都産業大学仕込みの身体動作が歴史的勝利につながったのは、２０１３年6月15日。秩父宮で当時の欧州王者だったウェールズ代表とぶつかり、23―8で快勝した。この日の暑さにやられて精彩を欠く相手に、日本代表はそれまで鍛えてきたフィットネスを長所にアタック。元フランス代表フッカーのマルク・ダルマゾが指導したスクラムも終始、優勢だった。

　ここでエディーが「勝負のポイントになった」と振り返るのが、前半5分頃のワンシーンだ。

自陣深い位置でウェールズ代表が反則した際、スクラムハーフのフミこと田中史朗が速攻を仕掛けようとしたところへ相手が妨害する。それに対してフミは怒りを露にし、あわや乱闘という展開に持ち込む。エディーは、ラフプレーが決して褒められるものではないとしながらも、相手に牙をむいたフミの姿勢をほめた。

ちなみにその際のウェールズ代表の反則は、接点で寝たまま球を手放さないノット・リリース・ザ・ボールだ。

それを誘ったのは、私が味方のマイケル・ブロードハーストと繰り出したジャッカルである。

日本人初のスーパーラグビー（国際リーグ）プレーヤーとなっていたフミの試合運びが光ったこの午後、私も低い姿勢でチームに貢献した。双方がキャップ対象試合として認めたテストマッチでホームユニオン（ウェールズ、イングランド、スコットランド、アイルランド）に勝つのは、この日が史上初めてだった。

9　本当の準備とは

エディーのアプローチで興味深かったことには、「怒りの利用」もある。

熱心なファンの方が覚えておられるのは、遡って2012年6月20日のフレンチ・バーバリアンズ戦での一件だろう。

東京・秩父宮ラグビー場でフランス連合軍との一戦へ臨んだ「JAPAN XV」こと日本代表はこの日、序盤から防戦一方の展開を強いられる。前半終了時点で7―32と、大量ビハインドを背負ってしまう。するとハーフタイム、エディーはロッカールームに引き上げた選手たちを一喝。結局は21―40で戦い終えるが、エディーの怒りは試合後の記者会見でも収まらなかったと聞く。

私が想像するに、この時のエディーはそこまで怒っていたわけではないと思う。あの時「最初から受け身で戦うな」というメッセージを伝えるには、大声で怒鳴り散らすのがベストだと感じただけのはずだ。エディーと4年間付き合ってきたうえで言えるが、あの人は選手に対するメンタルゲームが上手だ。

わざと厳しい言葉を投げかけて選手に刺激を与える手法は、2015年のワールドカップイングランド大会が終わるまで頻繁に採り入れていた。もちろんその時々の内なる感情は本人にしかわからないが、怒るタイミングや熱量をすべてコントロールしていたとしても不思議ではない。我々ベテランはそうとわかったうえで怒りに内包されたメッセージを受け取り、次のトレーニングまでに心を入れ替えたもの。一方でそこまでの想像力を持ちえない若手選手も、エディーの恐怖に触れることで緊張感を持ってグラウンドに出ていた。私からすれば「これは若手を怒っているようで、チーム全体にも注意を促しているのだな」と思わせる瞬間が多々あった。

エディーは口が立つだけではなく、仕事ぶりでも多くを気づかせてくれた。「世界で勝つための最高の準備」とは何かを、個性豊かなスタッフとともに身をもって示してくれた。

私がそれを皮膚感覚で知ったのは、2014年6月14日までの1週間だ。

この時はパシフィック・ネーションズカップの北米大陸遠征中。私は7日にバーナビーのスワンガードスタジアムであったカナダ代表戦へ、14―25とリードされていた後半11分から出場。34―25と逆転勝利を挙げていた。この時の働きぶりが評価されてか、続く14日のアメリカ代表戦に先発できることとなった。

アメリカ代表戦に向けては、試合のあらゆるシチュエーションを想定したキックオフ、攻撃、防御を日ごとに消化。うまく言葉にはしづらいのだが、それぞれの点検項目に「何となくこのプレーを選択している」という要素が一切ない印象だった。違う言い方をすれば、「判断の基準にグレーゾーンはなかった」と言える。それに加え、1日1日の練習に対して力を出し惜しみせずに高い集中力で1週間を過ごすことができた。敵地ロサンゼルスのスタブハブセンターでの一戦へ、自信を持って臨めた。試合を37―29で制したこともあって、「勝つためにはこんな1週間を過ごせばいいのだ」と結果以外の成功体験を得られた。

特に私が課されたのは、ラインアウトの「準備」だった。

ラインアウトとは、私たちフォワードが重責を担う空中戦。ボールがグラウンドの外に出た後のプレー再開のためにおこなわれる。京都産業大学が得意なモールも、このラインアウトを起点とする。

スローワーと呼ばれる選手がタッチライン際からボールを真っ直ぐ投げ入れる前に、列をなした私たちはサインコールを発動。どの位置で、どの動きでボールを捕るかを共有する。その後は列に入るうちのひとりがジャンパーという役割を担い、決まった位置で飛び上がる。前後にはリフターと名づけられた選手がつき、ジャンパーが最高到達点で捕球できるよう太ももとお尻を支える。

まさに、繊細かつ躍動感あふれる攻防の起点。おもにサインコールを出す私は、当日に空いた空間を見極められるよう相手の動き予習しなくてはならない。

この「準備」で助けになったのが、エディーのもとでフォワードコーチを務めるスティーブ・ボーズウィックだ。

スティーブは、ラグビー発祥の地であるイングランドの代表チームでキャプテンを務めた知性派。身長は190センチ台中盤ながら、身長2メートル以上の選手とも競り合うヨーロッパの空中戦で活躍してきた実績を持つ。エディージャパンへは母国サラセンズの現役選手だった2012年から携わってくれていて、引退後の2014年から本格的に入閣していた。

私にとってのラインアウトの「準備」と言えば、相手のラインアウトをいかに妨害するかという視点でおこなうものだった。しかしスティーブは、まず自分たちのボールを確保する重要性を訴えていた。アメリカ代表戦に向けても、細かい映像分析に基づき相手の防御時の並びをあぶり出す。ここへチームがしたい攻撃方向を加味し、自軍ラインアウトの陣形と主要サインを設定した。

その延長線上で、アメリカ代表ボールの陣形や捕球傾向も分析。ラインアウトを攻守とも綿密に「準備」を施した成果は、試合序盤に最高の形で表れる。

0―7とリードされて迎えた前半11分。日本代表から見てハーフ線付近右で、相手ボールのラインアウトが始まる。

この時、私たちが計画したラインアウトの防御は「後ろ重視」。アメリカ代表の身体能力を活かしたアタックを抑制するためにも、バックスラインに近い後方で球を捕られるのは避けたかったからだ。それに前方で捕球してモールを組んでもらう分には、ジャパンのフィジカリティを使って塊ごとタッチラインの外へ押し出せる。

将棋でいう相手の飛車角を獲るような状況を作ったところ、アメリカ代表は私たちの待ち構える「後ろ」へボールを投入する。その結果、日本代表のキャプテンになっていたリーチ マイケルが見事にスティールした。

まもなくチームは、バックスラインにボールを展開する。アメリカ代表の防御ラインが整わぬうちに、ウイングの福岡堅樹は左タッチライン際を快走。さらに、慌てて前のめりになる相手タックラーの背後へキックを蹴った。必死でカバーに回ったアメリカ代表は、たまらずボールをタッチラインの外へ。かくして我々日本代表は、敵陣深い位置でラインアウトを獲得した。スティーブが注力する、自軍ボールのラインアウトだ。

ルール上、スローワーの視線の先に何人の選手を並べるかは攻撃側が決められる。ここでは強固なモールでトライを獲るべく、多めの7人で隊列を組むよう指示した。

すると列の前方に入っていたリーチは、スローワーの堀江翔太に自分への防御が薄い旨を伝達する。私がサインを出す前にアイコンタクトでボールを呼び込み、捕球。そのままモールを組んだ。ぐんぐん前に進んだ。最後は田中史朗がトライを、五郎丸歩副キャプテンがゴールキックをそれぞれ決め、7―7と同点に追いついた。

17―10と勝ち越していた前半29分にも、敵陣中盤右での味方ボールラインアウトで見せ場を作る。ここではラインアウト後の攻撃をイメージして4名の列を作り、その後ろに立っていた私が自ら捕球。私の位置が相手防御の届かぬ「スポット」に見えたから、瞬時にコールしてボールを呼び込んだのだ。

私は捕ったボールを地上にいた田中へ渡し、チームが得意とする連続攻撃を促す。左から中央、右とボールを動かし、キックも交えてさらに陣地を獲る。最後は37―29で白星を挙げた。

思えば苦労したリコー時代も、ラインアウトのサイン出しを任されていた。チームにスティーブのような分析家がいないなか、独学で苦労しながら成功率アップを目指していたものだ。代表デビュー前に自分で考える癖をつけたうえで、代表デビュー後は賢者の知恵を拝借したこととなる。

引退後にコーチとなった京都産業大学でも、私はラインアウトの技術と作戦面を任されている。京都産業大学で培った「イッショウケンメイ」を長所に代表入りし、代表で学んだラインアウトの理論を京都産業大学の後輩たちへ還元する。そんな流れを作れたことは、実に感慨深い。

10 夢の舞台へ

ワールドカップイヤーの宮崎合宿は、過酷を極めた。家族に会えるのは月に1回程度というスケジューリングで、練習回数は早朝に始まり1日3～4回。本番のプレッシャーのもとでも正確なスキルを繰り出すべく、カオス（混沌）状況での練習を繰り返した。ミスが起こったら「ワールドカップではワンチャンスだけ！」と怒鳴られ練習が取り止めになったり、ミスをした選手がエディーに「もう帰るか？」と叱責されたりした。昼寝の時間まで細かく設定される環境のもと、膝に古傷を持つ私も日々ぎりぎりの状態でグラウンドに向かっていった。

エディーはただ追い込むだけでなく、確かな手順を踏んでもいた。大歓声のもとでもプレーできるよう練習会場に爆音のＢＧＭを流したり、試合日が雨だった場合を踏まえて石鹸をつけたボールを使ったり。さらにこの時多くおこなわれていた練習には、「ビート・ザ・ボクス」なるものがあった。大会の初戦の相手、「スプリングボクス」こと南アフリカ代表に向けた実戦練習だ。

自陣22メートル線上でのショートラインアウト（少人数の隊列）から始まるこの練習ではまず、攻撃側は素早いセットとサイン出し、ジャンプとスローイングが求められた。その後は「ボクス」に見立てた相手防御からスペースを探し、パス、キックを配する。

エディーは身体の大きな相手をかく乱するための具体的な手段を設定。それを苦しい状態でも遂行できるよう猛練習という名の「準備」を課したのだ。一部の選手は、こんな悲壮感を胸に秘めていたようだ。

「ここまできつい練習をして結果が出なかったら、日本代表が世界に勝てる日なんてもうやってこないのではないか」

地獄の宮崎合宿は、世界に勝つための「過酷な訓練」の場であると同時に、首脳陣がメンバーをふるいにかけるサバイバルレースでもあった。

約40名の候補メンバーのうち、ワールドカップイングランド大会の登録メンバーになれるのは31名。大会に出られる選手の顔ぶれが内々でわかったのは、8月26日のことだった。午前中、ホテル内でなぜか荷物をたたむ選手が散見する。その日の昼のミーティングで、そのメンバーが落選者なのだと知った。

キャプテンのリーチが発表した「その日のうちに帰るメンバー6名」と、私はただ握手することしかできなかった。最後まで残ったなかにも、大会登録メンバーに入れない選手がいた。私が晴れやかな気持ちでメンバー入りを喜べたのは、正式発表会見のあった31日。都内ホテルの大広間で、マイクを取った。

「この4年間、ともにハードワークしてきた仲間とワールドカップに出られることをすごく楽しみに思っています。ワールドカップで日本の歴史を変えられるよう、自分の持っているものをすべて出し切って貢献していきたいと思います」

大会登録メンバーが渡英した9月以降、チームは次第に練習量を落としていったことにより、ベストコンディションになった。開幕前に組まれたジョージア代表とのテストマッチも勝利でき、波に乗れ、チームもより結束した。

過去優勝2回の南アフリカ代表に勝てると、心の底で信じ切れたかどうかはわからない。しかし、「決して不可能ではないな」と思えた瞬間は、試合の1週間前に訪れた。

当時の日本代表では大野均さん、真壁伸弥、私というロックのポジションである3人が「ビッグスリー」と呼ばれていた。3人で連れ立って遠征先の酒場へ行くのがささやかな楽しみのひとつだった。チームディナーを実施したこの日は、「ビッグスリー」の3人に田中史朗が加わる4人で船を改築したバーへ寄り道。雑談の調子で大会を展望した。

ここで誰かが発したこの一言が、妙に、違和感なく受け入れられた。

「もし南アフリカ代表に勝つようなことがあれば、きっとその後の試合がどうでもよくなるくらいの騒ぎになるんだろうなぁ」

それまで大会通算1勝の日本代表が過去優勝2回の南アフリカ代表に勝つなんて、きっと世界中のラグビーファンが想像さえしなかっただろう。それでも私たち日本代表は、世界中のファンが想像し得ない練習を積んできていた。少なくとも試合前の時点で、「もし勝ったら」という仮の話を笑わずにできるようにはなっていた。

試合が近づくにつれ、私たちは相手選手一人ひとりの強みと弱みを共有する。前日には、2013年まで主将だった廣瀬が集めた国内のラグビー選手たちによるビデオメッセージを視聴。リラックスして床に就いた。

現地時間2015年9月19日、ブライトンのコミュニティスタジアム。試合登録メンバーの23名から外れた私は、南アフリカ代表戦キックオフの瞬間をスタンドで見届けた。

11　ブライトンの奇跡

日本代表が南アフリカ代表に勝った瞬間、私は現地のグラウンドレベルにいた。もともとは日本代表のベンチ外選手（ノンメンバー）として観客席前方で熱戦を見つめていたが、試合終盤に逆転のチャンスを掴んだあたりで「もう、下で観よう」と誰ともなく叫んだものだ。場内整備をするスタッフの許しを得て、近辺へ移っていた。

ラストワンプレー。3点差を追う日本代表は、敵陣ゴール前左のペナルティーキックからスクラムを選択。右、左と展開し、最後はカーン・ヘスケスがゴールライン左隅にグラウンディング。34—32と逆転した瞬間、私の眼には自然と涙があふれてきた。チームに関わる選手、スタッフ、全員が強い絆で結ばれていたからこそ心の底から喜べた。これまでの人生で経験したことのない感情だった。喜びのあまり「言葉にならない」とはまさにこのことだと思った。

もっとも時間が経てば、試合に出ていなかった悔しさが沸き上がってきた。今度は自分がジャージーを着て勝ちたいと強く思った。そんな負けじ魂が沸いたところで、私のワールドカップデビューの瞬間がやってきた。

南アフリカ代表戦後のチームは21日、宿泊地だったブライト

2015年 ワールドカップ 日本×南アフリカの試合後　撮影：長岡洋幸

ンで23日のスコットランド代表戦のメンバーを発表。その日のうちに次なる拠点のウォリックへ移動した。

私がスコットランド代表戦の背番号19をつけるとわかったのは、そのメンバー発表の記者会見があった数時間前。昼食時間の1対1のミーティングでのことだ。当日午前にあった練習も、試合のメンバーに選ばれるべく必死に取り組んだ。変則日程下とはいえ、試合の2日前となれば練習の雰囲気で当日のメンバー構成はわかりそうなもの。ところがこの時ばかりは全く読めず、むしろ今回もノンメンバーなのではと思ったほどだ。実戦練習では、相手のスコットランド代表役をする時間が長かったのである。

「おそらく残り20分前後での出場になると思う。いままでラインアウトリーダーをやってきたので、そこは前半を見据えたうえで正確なコールを出したい。フィールドプレーでは、後から入ったメンバーでどんどん運動量を上げないとスコットランドにインパクトを与えられない。運動量。テーマになりそうです」

エディーが会見した後のメディア対応機会は、急遽、私も出席してこう話した。歴史的勝利を挙げて4日後の試合にも「僕は勝った本人ではない。ハングリーでしかない」と意気込んだものだ。

「きょうのきょうまでメンバーに入れるかどうかもわからなかったし、とにかく試合を欲していた。ハングリーでしかないです。緊張もするやろうけど、それも自分の経験になる。すべてを受け入れて、やりたいです」

試合はグロスターのキングスホルムスタジアムでおこなわれた。

当時は誰も言い訳をしなかったが、中3日で2戦続けてプレーした選手はかなり大変だったと思う。ラグビーは身体接触が多く、トップレベルのゲームは週に1回のペースでおこなうだけでもかなりの疲労がたまる。ところが4年に1度のワールドカップでは、日本代表のような経験値の浅いチームが短い試合間隔を強いられる。エディーはその点も踏まえて宮崎合宿期から試合のある週の真ん中にトレーニングマッチなどを入れ準備していたが、その時と本番とでは試合の強度と緊張感が違った。まして4日前の南アフリカ代表戦は、世界中で「ブライトンの奇跡」と叫ばれた歴史的な80分となった。当日の夜は試合に出なかった私でさえ寝つけなかったのだから、出場選手の身体のほてりや興奮度合いは想像に難くない。スコットランド代表戦は前半こそ競っていたが、中盤以降はじりじりと点差をつけられてゆく。

2015年 ワールドカップ 日本×スコットランド
撮影：長岡洋幸

私の出番がきたのは、後半25分だった。10—31とビハインドを背負いながら、逆転勝利を狙うところだった。

私の場合、南アフリカ代表戦のメンバーから外れるとわかってからこの日までに約1週間の時間があった。他のメンバーが南アフリカ代表戦への準備をしている間も、私は夜の空き時間などにスコットランド代表のラインアウトをチェック。心と頭の準備は万全だった。いざ本番でラインアウトの場面を迎えても、無事に自軍ボールを確保できた。

ワールドカップの試合に出る高揚感はあったが、大舞台で緊張したり、おじけづいたりすることは全くなかった。心理的重圧を受ける暇もなかった、という方が的確かもしれない。出番は15分。必死に動き回った。

ノーサイド。10—45。

これが私にとって、最初で最後のワールドカップでの出場機会となった。

12 家族

現地時間2015年10月10日。最終戦を待たずして、日本代表の予選敗退が決まった。私たちは5日のサモア代表戦を26―5で制していたが、10日にスコットランド代表がサモア代表を倒したことで予選プール2位以内に入れないとわかった。

決勝トーナメントに進めるのは計4つあるグループの上位計8チームのみだ。すでにアメリカ代表戦のメンバーから外れていた私にとっては、最終戦当日の早朝練習がイングランド大会最後のイベントとなった。実は宮崎合宿のさなか、私の古傷の膝の状態が徐々に悪化していた。ワールドカップ本番の1カ月前あたりで痛みはピークを迎え、チームの仕上げに大事な時期をプレーできなかった。スコットランド代表戦の出番は、ぎりぎりの状態で掴んだとも言える。

私はワールドカップ期間中の多くをラインアウトの作戦立案および仮想相手チーム役の一員として過ごすこととなる。ここで気づいたことは、ディテールの大切さとノンメンバーの重要性がある。

イングランド大会で3勝した日本代表は、2メートル超の選手がひとりもいないなかで90パーセント超の成功率を保った。相手はいずれも自分たちよりも大柄だったとあり、日本代表のラインアウトの精度はメディアでも注目された。

先に触れた通り、日本代表ではスティーブがラインアウトの頭脳を担った。彼は、相手の並びとスペースを分析しきったうえで我々の有効な動きを設定していた。平均身長の低いチームがラインアウトを制するには、ジャンプやリフトのベーシックスキルを最大限に引き上げると同時に想定される試合の状況下で正しい判断を下せるように練習を重ねることだった。

ノンメンバーの重要性は、大会後の報道でファンの方にも伝わったのではないか。

出番のなかった廣瀬が率先してロッカールームの清掃や荷物運びをおこなう姿は間違いなく若手の態度にも影響を与えたし、フッカーの湯原祐希も豊富なスクラムの知識をレギュラー陣に還元してくれていた。ここから先は手前味噌になるかもしれないが、スコットランド代表戦以降の私も1戦、1戦、対戦国のラインアウトを分析。ワールドカップデビューの感慨にふける間もなく、練習では出番の少なかったアイブス ジャスティンらとともに相手役を全うした。チームは生き物だ。レギュラーを側面支援する立場の選手が定位置奪還を目指すのを諦めたり、不満因子になったりすれば、試合に出るメンバーのパフォーマンスに少なからぬ影響を与えてしまう。チームにとって誰ひとりとして不要な者はいない。チーム全員それぞれに役割があり、存在意義がある。一人ひとりがチームに貢献してこそチームはひとつに、ある意味で家族になるのだ。これはワールドカップに限らず、いま私が携わっている学生ラグビーでも通じる話だ。

京都産業大学で身につけた猛練習への耐性、低い姿勢でプレーする習慣を日本代表入りにつなげた私は、かくしてワールドカップ出場という素晴らしい旅を終えた。代表活動がひと段落してからは母校の大学院でマネジメントを学修。現役引退した2018年以降は、母校のラグビー部を指導できることとなった。

そこでは、かつてお世話になった大西先生がいまなお現場に立っていた。

妥協を許さず、「イッショウケンメイ」を好み、人情を重んじる指揮官の歩みを、次章で振り返りたい。

第3章

大西健の指導哲学

1　人を大切に

人を大切にする。

組織の論理よりも、組織のなかにいる一人ひとりを大切にする。

それが指導者、大西健なのだと私は思う。

そんな仮説を向さんが問うたら、大西先生ご本人はこう応じられていた。

「それが古いのか、貴重なのかよくわかりませんけど——。以前はそういう（人と人との）つながりがないとやっていけないところがありましたから。要するに信頼関係ですね。（ラグビーが）上手いとか、下手とかよりも、信頼関係がないと命を投げ出すようにそこ（チームの活動）へ没頭できない……というような雰囲気は、確かにありましたね」

話をしたのは、私が大西先生のご自宅へお邪魔した今季開幕前。そう。冒頭に記した折だ。

本書で大西先生の軌跡を振り返るべく、向さん、私とのインタビューに応じていただいたのだ。高校生の頃に初めてお会いしてから学生生活の4年間、リコーや神戸製鋼での選手時代、さらには母校のコーチとなったいまでもお世話になってきた。大学院時代の修士論文を書く際にも、私の入学以前のチームについてお話を伺ってきている。

それで大西先生のすべてを知った気になるつもりはないが、ご本人の言葉やファクトをもとになるべく丁寧に歴史を振り返りたい。

まずは、大西先生のラグビーとの出会いから。今回のインタビューで「人との信頼関係の構築」について質問をすると、こんな返事が返ってきた。

「信頼関係を大事にしているというよりはね、僕はどっちかと言うと、中学からアウトローで育ってきたので――」

2　アウトロー

アウトロー。そう言いかけて「アウトローというかちょっと落ちこぼれだったんですかね」と話す大西先生は、1950年に東京に生まれた。父親の転勤に伴って大阪市へ引っ越されたのは2歳の時。近所の高倉幼稚園、高倉小学校、高倉中学校へ通っていたため、「高倉の健さんと言われていたんです。これ、本当なんですよ」。最近は昭和の銀幕スターの高倉健さんを知らない学生が多く、この話が通じないのだと笑う。

日本ラグビー界有数の名物指導者として多くの教え子の人生を考える大西先生だが、中高生の頃は「切り捨てられる側の人間だった。中学、高校で、謹慎、停学、全部なりました」。中学時代には、担任教師が生徒に「あの子とは付き合うな」と言っているのを人づてに聞いた。心無い一言を心にとどめて成長するうち、教員を志すようになった。

「中学の時に教員（になろう）とは思い浮かびませんでしたけど、やっぱりそれ（担任の一言）は（心に）残っていますよね。教員になりたいと思ったのは、やっぱり自分なりの、落ちこぼれ側の正義があったからなんです。切り捨てられる側の声に耳を傾けたり、寄り添いたいという気持ちはものすごくありました。それがある意味、教員志望した原点ということになりますね」

大西先生が自慢するのは、「謹慎、停学、全部」を経験したことではない。「謹慎、停学、全部」を経験しながら、決して退学処分を受けなかったことだ。一部の教員に問題行動をとがめられても、また別な教員に心根を理解してもらえていた。そんな信頼できる恩師との出会いが、「自慢」だと言う。

私は、大西先生の高校時代の同級生の方にお話を伺ったことがある。当時の大西先生について「今と変わらず正義感の強い男だった」と話していたのが印象的だった。

「学校では読書しているところをよく見かけました。特に印象に残っている出来事は、人権について先生と大西が論争になり、一コマの授業を丸々使ったこと。何か、人を惹きつける魅力があった」

旧友がそう話す傍ら、大西先生自身も当時の大人たちとの交流を懐かしげに語る。

「ちょっとぶつかる先生もおられたけど、親身になってくれる先生もおられました。破廉恥なことはしない。そういうような感覚が先生に好かれている部分もあった。ある意味の評価が違う人たちとの間でも、信頼関係が築けたかな」

体力を持て余し、確固たる主張を持っていたであろう大西先生は、自然な流れでラグビーにはまった。高倉中では部員の多くないラグビー部で1年時からレギュラー。司令塔のスタンドオフなどに入り、小柄なタックラーとして存在感を発揮したという。

大西先生が感じたラグビーの面白みは、「自由」であった。球を持って走ったり、身体をぶつけたりと、抑圧と無縁な競技特性が楽しくてたまらなかった。

「中学では全くラグビーの知識なんかなしに、先輩や周りの連中からやろうと言われてやっただけなんです。当時はそんなに大きくなかったものですから、大きいやつを倒すとか、そういうところへの快感はありました。ラグビーにも規則はあるんでしょうけど、思い切ってぶつかれて、ボール持って自由に走れる。そういう部分に惹かれたのかもわかりません」

啓光学園高校時代の大西先生（前列左から2人目）

3　人徳

近所の中学校でラグビーの虜になった「高倉の健さん」は、大阪の啓光学園高校（現常翔啓光学園高校）に進んでもラグビー部に入った。

ラグビーの啓光学園高校と言えば「花園」こと大阪・花園ラグビー場での全国高校ラグビー大会で7度優勝。２００１年度からは戦後唯一の4連覇も成し遂げている。いまでこそ学校の方針転換により少人数での活動を強いられているが、日本ラグビー史に名を残す名門と言えよう。

ただし大西先生が門を叩いた頃は、創部3年目の新興チームだった。大西先生がここで楕円球を追うと決めたのは、当時の監督だった釣田正哉の誘いを受けたから。京都大学卒で古典文学に造詣の深かった釣田は、ラグビー部強化のため高倉中学校をはじめとした複数のクラブへ訪問。腕に覚えのある少年たちにラブコールを送って回ったようだ。

大西先生が釣田を恩義に感じる瞬間は、入学間もなくやってきた。

学内のトラブルから、大西先生の手が別な方にぶつかることがあった。一部の教員は「退学だ」と騒ぎ立てたというが、釣田はその教師をこう制したのだ。

「先生、あれはね、ハンドオフやねん。ラグビーのハンドオフの練習の癖が出てしもうたんです」

釣田先生（中央）と大西先生（釣田のすぐ右）

大西先生は釣田のもと、ラグビー部で1年時からレギュラーを確保した。ポジションは、当時流行したセブンエース。全部で8人いるフォワードを7人にする代わりに追加された、バックスの働き場のひとつだ。最後尾のフルバック近辺に入り、自由にライン参加をする。まさにラグビーに生かされてきた大西先生が転機を迎えるのが、高校3年に上がった頃である。この時、ラグビー部の監督が釣田から新任の藤井主計に代わった。

国体がおこなわれていた大分の学校から転任してきた藤井は、天理大学出身のタフなコーチ。春に近畿大会へ出場したチームを、厳しい練習で鍛え上げてゆく。

長野県は白馬村で合宿をおこなえば、まだ日の出ていない午前3時からランパスを始める。列をなしてパスを回して走るという単調かつ地道なランパスは、そのまま日が昇るまで続くこともあったようだ。

「部員を辞めさせるために走らせているんじゃないか」

大西先生でさえ舌を巻く猛練習は、釣田の集めた才能集団の心身を一気に引き上げたようだ。啓光学園高校ラグビー部はその年の大阪府大会で見事に優勝。花園初出場を果たした。クラブにとって創部5年目の快挙は、大西先生にとっては猛練習で結果を出す初めての体験でもあった。

4　理論と根性

啓光学園高校を花園に連れて行った藤井は、まもなく母校の天理大学ラグビー部の監督に就任する。すっかり藤井に心酔した大西先生も、その後を追うように同大学へ進学。1968年のことだった。

藤井の練習は、大学でも相変わらずの厳しさだった。3時間超のランパスは当たり前で、来る日も来る日も走りっぱなし。ただし高校時代と違ったのは、大西先生がこの練習を「この人についていけば間違いない」と信じて取り組んでいたからだ。音を上げて退部する者も多かったが、藤井と結果を出した大西先生は輝く未来を疑わなかった。大学でも1年生から試合に出場。フォワードのロック、ナンバーエイトで

天理大学時代の大西先生（ボール保持者）

もプレーした。後にセブンエースに近いフルバックへコンバートする。

大西先生が藤井に傾倒した理由のひとつに、藤井のラグビー理論がある。

藤井は海外旅行すら珍しかった時代に、ラグビー王国のニュージーランドへ留学。本場の最新理論を身につけていた。藤井のラグビー理論の柱は、15人全員が一体となったランニングラグビーである。ひたすら走力強化に時間をかけるのも、ランニングラグビーの下地作りだったのだろう。

ちなみに藤井が唱えるランニングラグビーを後に採用したチームには、神戸製鋼ラグビー部がある。神戸製鋼は、人から人へ渡るのが当たり前だったパスをスペースへ配するよう意識。対戦相手を驚愕させ、翻弄し、１９８８年度から日本選手権7連覇を達成した。

当時の日本ラグビーを変えた論理を10年前から唱えていた藤井にも驚かされるが、さらに意外だったのは神戸製鋼が誇るレジェンドの人物像だ。

実は大西先生は、Ｖ7時代の神戸製鋼の主力で「ミスターラグビー」こと平尾誠二さんと親交が深い。

「平尾さん、どんな方だと思いますか?」

今回のインタビューで向さんにこのように聞き返してこられた大西先生は、スマートな雰囲気で知られる平尾さんの人物評をこのように語った。

「ものすごく恩義に感じる人。亀高素吉さんという、神戸製鋼の会長、社長になった人がおられる。亀高さんは、平尾君が学生時代にイギリスへ行って何やかんやで日本に戻れないという時に神戸製鋼に呼んでいる。だから平尾君は、亀高さんにすごく恩を感じているんです」

イギリス留学中だった平尾さんが日本のファッション誌に無償で出て、当時の日本ラグビー界で「アマチュア規定違反」に問われた話は我々の間でも有名な話だ。大西先生は続ける。

「それで、亀高さんと僕はもともと仲がよかったんですよ。実は、うちの女房は料亭をやっていましてね。その店に亀高さんが来られていたんです。家に食事に来た時も平尾君がついて来ることもあったんだけど、ワインをデキャンタに入れたり、料理を運んだりというのを平尾君が全部、やるんです。……こっちが恐縮するけど」

話を戻す。大西先生は学年を重ねるごとに、藤井と兄弟のような仲になった。関西大学Aリーグで優勝した3年時以降は、練習帰りに飲みに連れて行ってもらうこともあったそう。当時は藤井の方針に耐え得る選手だけがチームに残っていた。そのメンバーは、大西先生曰く、「いま指導者として頑張っていますね」。天理高校ラグビー部を指導する田中克己監督、大西先生の母校である啓光学園高校で全国V4を達成した記虎敏和監督、御所実業高校を率いて奈良県の天理高校1強時代をストップした竹田寛行監督がそうだ。

大西先生によれば、藤井の指導者としての凄みはこんなところにあった。

「練習で、勝利への執着心を引き出すところは確かにありました」

大西先生もまた、教員を志していた。高倉中学校で担任から「あの子とは付き合うな」とレッテルを貼られたのを反面教師にして、啓光学園高校で出会った釣田の「ハンドオフやねん」に温かみを感じ、いずれはその啓光学園高校でラグビー部を指導したいと考えていた。天理大学でも体育学部に入っていて、体育の教員免許も取った。

ところが「アウトロー」だった大西先生に良縁が絡まることはなく、卒業後もコーチとして天理大学に残った。すっかり心酔していた藤井から、ニュージーランド仕込みの理論を吸収していったのである。

努力を見てくれている人は、どこかにいる。藤井率いるラグビー部の夏合宿を終えた1972年9月、大西先生は新たな就職話に出会った。京都産業大学の体育助手の仕事だ。天理大学柔道部監督の中治洋一が仲介し、藤井を通して話が伝えられたのだ。藤井の勧めに、大西先生は二つ返事で応じた。

京都産業大学ラグビー部・大西健監督の誕生である。

5　青年監督

京都産業大学ラグビー部は1965年に創立。藤井の伝手で大西先生が赴任した1973年は、まだ8年目というできたてのクラブだった。

当時の関西大学ラグビー界は、同志社大学の1強時代から同志社大学と天理大学の2強時代に突入し始めた頃だった。そう。大西先生も在籍した天理大学は、藤井のランニングラグビーで上位常連校の仲間入りを果たしていた。かたや京都産業大学は当時、3部相当の関西大学Cリーグからようやく2部相当の同

Bリーグに上がったばかりだった。折しも大学側は、知名度アップのために運動部の強化に取り組み始めたところだった。大西先生が赴任された時の部員数は33名。その内訳は4年生7名、3年生8名、2年生7名、1年生11名と、強豪校に比べれば明らかに少ない。さらに高校3年時に花園に出場した高校からの入部者は2年生に1名、1年生に6名いるだけだ。この頃のチームでは毎年4〜5名のスポーツ推薦枠が与えられていたものの、入学者の選考に大学側も関わるため大西先生が推薦した選手がすべて入学するわけではなかった。そもそも新任監督には、高校ラグビー部とのコネクションはないに等しかった。練習環境も、ひどいありさまだったという。

与えられたのは、チーム勃興のための豊富なタスクだった。

ラグビーの指導や戦略を立てるのはもちろんのこと、大学にもっと推薦枠をもらえるよう交渉したり、その枠をフル活用できるよう全国の高校へリクルート活動に出かけたり、これまた大学への交渉で備品を買うための予算を確保したり、選手の寝泊まりする寮を整備したりと、大西先生はあちこちで汗をかいた。

標榜するのはランニングラグビー。「ないない尽くし」にも映ったこのチームを勝たせるべく、大西先生は藤井から学んだラグビースタイルの徹底を目指した。藤井流のハードトレーニングで、選手たちを徹底的に追い込む。

スクラムとモールを重視するいまの京都産業大学のスタイルを知る人にとっては、意外に映るだろう。私が想像するに、監督1年目の大西先生は自らの成功体験をもとに指導に当たられたのだと思う。

藤井の理論は当時の日本のラグビー界では最も進んだもののひとつであり、関西大学Aリーグで天理大学を強豪校にしたお墨付きの戦略でもある。その理論を皮膚感覚で知る青年監督がランニングラグビーを唱えるのは、当然と言える。

青年監督らしさは、練習へのアプローチ方法にもうかがえる。この時の大西先生は、自ら選手に混ざって練習していたのだ。

「身体を鍛えるためのウエイトトレーニング器具がなかったので、筋力トレーニングよりもグラウンドで走ることの方が多かった。それでも早朝練習では柔道部とともに柔道場で腕立て伏せや綱のぼり、階段ダッシュ、おんぶをしながらの（階段の）上り下り、手押し車などで身体づくりに努めました。午後の練習では練習前後に個人練習をおこない、チーム練習ではランパスや実戦形式のアタック&ディフェンスを3〜4時間おこなった」

天理大学時代の大西先生は、藤井の厳しい練習に反発する選手の姿を目の当たりにしてきた。だから京都産業大学でも学生の反抗を半ば覚悟していた。しかしそれは、ひとまずとり越し苦労に終わった。選手たちは4年生が中心となって大西先生の存在を受け入れ、単調な走り込み練習へも真剣に取り組んだ。彼らは、強さに飢えていたのだ。だから、大西先生がもたらす最新のラグビー理論や練習方法をどん欲に吸収したかったのだ。

23歳だった大西先生は、選手たちにとっては監督というより兄貴に近い存在であった。大西先生は選手を「りゅうちゃん」「てっちゃん」などと呼んで弟のように可愛がった。藤井が自分にしてくれたように飲みにも連れて行った。ラグビー談義に花を咲かせた。

特に夢を語り合ったのは、林正人さん。大西先生就任初年度の主将である。大西先生と林さんが目指したのは、「京都産業大学ラグビー部の出身であること、京産産業大学の卒業生であることが誇りとなるようなチームを作ること」だった。

大西先生にとってのファーストシーズン。「すべて大差で勝ったかどうかは覚えていないが、ランニングラグビーが通用したことは間違いない」というご本人の言葉通り、藤井仕込みのランニングラグビーで関西大学Bリーグを首位通過。翌年度からの関西大学Aリーグ昇格を決めた。この年は同志社大学が部員の死亡事故により1年間活動を自粛していたため、同Aリーグは通常よりひとつ少ない7校で戦われていた。そのため京都産業大学は、普段おこなわれるAリーグの最下位校との入替戦を経ずに自動昇格できたのだ。さらに京都産業大学は昇格決定後、全国地区対抗大学ラグビーフットボール大会（大学選手権への出場権を持たない地方校にとってのもうひとつの全国大会）に出場した。名城大学と対戦13－13で引き分け、両校優勝となった。

6　他競技から学ぶ

京都産業大学ラグビー部と言えば、朝練がある。早朝からフィジカル強化に時間を割くこの手法は、私が2012年から参加した日本代表での「ヘッドスタート」にも似通っている。大西先生は就任当初から朝練をしていたというが、黎明期の朝練のメニューも現代ラグビーに通じる要素が含まれていた。

振り返れば、大西先生が京都産業大学へ赴任できたのは天理大学柔道部の中治洋一監督の紹介による。そのため京都産業大学の柔道部とも濃いつながりがあり、当初は柔道部の朝練習にラグビー部が混ぜてもらっていた。当時の京都産業大学の柔道部を指導していたのは藤猪省太。1970年代から80年代にかけて一世を風靡した柔道家で、現役時代は世界選手権4連覇、オリンピック2連覇と輝かしい実績を残していた。藤猪は天理大学出身であり、大西先生は藤猪の1学年先輩。柔道界のスターとは、学生時代から仲がよかったという。合同練習が叶った背景には、人のつながりがあった。

練習メニューは、柔道である。ラグビーの柔道風のメニューではなく、本当の柔道だ。

いまでこそ、格闘技をトレーニングに取り入れるラグビーのチームは多くある。２０１２年からのエディージャパンも総合格闘家の高阪剛スポットコーチによる特別訓練を実施。ロータックルの身体動作を植えつけた。私が引退した後の日本代表でも、ニュージーランドから格闘家を招いているようだ。日本のトップリーグでも、ヤマハがレスリング日本代表としてアトランタオリンピック銅メダリストとなった太田拓弥氏をレスリングコーチに招へい。毎朝レスリングをさせることで、接点での身体の粘りを植えつけている。

ただし、大西先生が朝練習で柔道を始めた際、同じような訓練をしていたチームはどれほどあっただろうか。藤猪が京都産業大学にいる間はずっと柔道をしていたという大西先生は、「うち最先端かもわかりませんよ」と話したものだ。

「天理大学の柔道部には朝稽古の習慣がありまして、京都産業大学は柔道では天理大学と姉妹校みたいにしていましたから。だから京都産業大学の柔道部にも朝稽古の習慣があって、私たちもそこについていったという感じです」

京都産業大学の練習と言えば、どうしても量の多さばかりがフォーカスされがち。ただしその実、時代を先取りしてきた側面もある。

7　チームミッション

就任1年で関西大学Aリーグへ昇格した大西先生は、林さんらと語り合った夢を3つの具体的な目標として明文化。京都産業大学ラグビー部のミッションとして、選手に提示した。

1、同志社大学に勝つ
2、イギリス（ラグビー発祥の地）遠征をする
3、大学ラグビーチャンピオンシップを勝ち取る（大学選手権で優勝する）

興味深いのは通常のチームなら必ず目標にしそうな「関西リーグ制覇」という文言を記していなかったことだ。きっと大西先生は、「関西リーグ制覇」を「同志社大学に勝つ」という言葉で代替したのだろう。当時の関西大学Aリーグでは同志社大学戦勝利は、リーグ戦優勝とほぼ同義。同志社大学に勝つだけの実力があれば、他校に負けることはまずないという論法だ。

「同志社大学に勝つ」という言葉は果たして、以後の部員たちにただの「優勝」以上の意味を与える。この目標が示されることで、京都産業大学の選手は同志社大学戦を「聖戦」と捉えるようになるのだ。京都産業大学の選手にとっての同志社大学戦は、早稲田大学、明治大学の選手にとっての「早明戦」と同じ価値がある。

選手のモチベーションが勝敗に大きく影響するラグビーという競技において、この効果の持つ意味は極めて大きい。ちなみに私の現役時代も同志社大学戦は「聖戦」だった。当時の同志社大学には仙波智裕、平浩二、正面健司といった、後に日本代表選手となるエリートがずらり。負けじ魂に火をつける相手だった。「聖戦」には反動も少なくなく、同志社大学戦後のチームはガスの抜けたような状態になりがちでも

あったのだが。

同志社大学戦の「聖戦」化は、京都産業大学のOBや現役学生をラグビー部のファンにするというもうひとつの成果をもたらした。彼らはエリート集団の同志社大学にひたむきに挑戦する雑草集団に自らの姿を重ね合わせ、試合会場に足を運び、熱狂的な声援を送るようになった。京都産業大学のラグビー部は、一般学生が自己投影できるクラブとしても確固たる地位を築いてゆく。

8 困難

就任2年目。大西先生は学生時代から面識のあった少数の高校の先生とのパイプを使い、関西エリアを中心に選手の獲得を目指した。しかし先にも触れた通り、大西先生に裁量権のあるスポーツ推薦枠が存在しているわけではなかった。リクルート活動は困難を極めた。

1974年度の関西大学Aリーグでは、前年に活動自粛していた同志社大学が復帰。9校で争われることとなった。

この年の京都産業大ラグビー部の部員数は前年度とほぼ同数の32名。高校3年時に花園に出場した高校からの入部者は3年生に1名、2年生に6名と相変わらず「雑草集団」の風情を醸していた。そして初戦の相手は、奇しくも同志社大学であった。早速、「聖戦」が始まる。

この試合、同志社大学は昇格直後の京都産業大学を与しやすい相手と捉えたようだ。何と先発メンバーには2軍クラスのメンバーを揃えた。果たして京都産業大学は、さっそくエリートたちに牙をむく。16―18。昇格したてだったにもかかわらず、善戦した。

2軍クラスの相手に勝ち切れなかったのだから、当時の先輩方はさぞ悔しかったはずだ。しかし、もしもこの同志社大学戦を制していたら、当初掲げた3つの目標のうちひとつは簡単に達成されてしまったことになる。それでは同志社大学戦は「聖戦」の価値を失い、ビッグマッチの意味を半減させていたかもしれない。簡単には勝たせてもらえない。それがよかったのかもしれない。

王者と互角の勝負を演じた京都産業大学だったが、第2節以降はまさに上位団体の洗礼を浴びる。まず第2節では近畿大学に16―28で敗れ、第3節では藤井率いる天理大学に10―56で大敗。藤井仕込みのランニングラグビーで本家に挑戦しながら、走り負けた。

第4節の京都大学戦も13―26で落として開幕4連敗。続く第5節では立命館大学を60―7で制して昇格後初白星を挙げたが、立命館大学は前年度最下位で同志社大学の活動自粛がなければ京都産業大学との入替戦実施で下部降格していた可能性のあるチームだ。現場を大喜びさせるに至らなかったかもしれない。

以後の京都産業大学は大阪体育大学に7―17で負け、関西大学には44―14で勝利し、大阪経済大学には6―24で屈した。記念すべき初めてのAリーグの成績は、2勝6敗で9チーム中8位。Bリーグ2位の大阪商業大学との入替戦に挑むこととなった。

いつか、天理大学にも走り勝てるチームになる。そう決意した大西先生は、選手たちをがむしゃらに激しい練習で追い込んでゆく。

入替戦で大阪商業大に勝ってAリーグ残留を決めたチームは、通常通り8校で争われた1975年度のリーグ戦でも天理大学戦に7―60で大敗。第2節以降は京都大学、関西大学、近畿大学を順に制して初の連勝を3まで伸ばすも、第5節では同志社大学との「聖戦」を15―57で落とした。序盤こそ京都産業大学のフォワードが健闘も、時間が経つほどに体力が削られ同志社大学のバックスに自由に走られた。この年の京都産業大学は4勝3敗の4位と大きく飛躍したかに見えたが、上位陣との差は歴然。チャンピオンシップを目指す大西先生にとっては、厳しい現実を見たシーズンだったのかもしれない。

ただし大西先生は、同志社大学戦から一筋の光も見出してもいた。

もしもフォワードのフィットネスで上回っていればボール保持率を上げられ、相手のバックスに走られるリスクを最小化できる。そうすれば、試合の最後まで互角の勝負を演じられたのではないか――。

大西先生は、ランニングラグビーという指針を残しながらもその軸足をバックス中心からフォワード中心に移行。練習はさらに激しさを増してゆく。

9　栄養合宿の始まり

同じランニングラグビーでも、フォワードの運動量を上げボール保持率を向上させることに軸を置くランニングラグビーを目指す。そのような方針転換を決めた大西先生は1976年度、オフザフィールドで新たな試みを始める。それが栄養合宿だ。

第1章で記した通り、栄養合宿とは関西大学Aリーグの主要な試合の5日前から始まる寝食をともにするもの。午後の練習後に試合の登録メンバー22人（現在は23人）が集まり、鍋を囲む。

フォワード中心のランニングラグビーを遂行するには、個々の接点の強さは不可欠。そこで大西先生は、食事も身体を大きくするための重要なトレーニングと位置づける。選手たちは毎晩体重計に乗り、体重を測り、備えつけのノートに体重を記録した。後に大学選手権で連覇する帝京大学も、日本代表を指導したエディー・ジョーンズも、食事の重要性を強く訴えた。私もエディージャパン時代、専用のアプリケーションで体重や水分摂取量、睡眠時間など、各種データを記録していたものだ。そう考えれば、大西先生はつくづく時代を先取りしていたと言える。

身体づくりのために始めた栄養合宿には、もうひとつの効果が存在した。１９９３年卒の道埜雄彦さんによれば、「ゲームメンバーに入れば、栄養合宿で大西先生と一緒に箸をつける。これはひとつのモチベーションになった」。栄養合宿は、部員にとってメンバー入りへのモチベーションを高める装置にもなったのだ。私も1年時から栄養合宿に加われ、嬉しかったのを覚えている。さらに前出の通り、栄養合宿では先輩とも雑談ができる。無形のチームワークが醸成されたのは間違いない。

栄養合宿はいまでこそグラウンド近くの合宿所でおこなわれるようになったが、開始当初は全員が鍋を囲める場所がなかった。そのため大西先生は、自身が寮監をしていた追分寮の間仕切り壁をぶち抜いて一間にし、即席の「合宿所」を作った。

「あの時代だったから、無茶ができたんです」

かような大胆な行為にも、当時の選手たちは意気に感じただろう。後年には間仕切り壁を元通りに戻し、寮監を退任した。

10　スクラムを軸に

現実は甘くなかった。

栄養合宿を始めた１９７６年度は初戦で昇格したての大阪商業大学に19―56と大敗し、シーズン終盤には同志社大学、天理大学という上位陣にも0―97、7―64で屈した。続く1977年度は開幕6連敗を喫し、最終戦を待たずに最下位決定。入替戦では何とかAリーグ残留を決めたが、本来埋めるべき上位陣との差は縮まらずじまいだった。

大西先生の意図するフォワード中心のランニングラグビーは、形こそ見えるものの完全に機能したとは言い難かったようだ。確かに球を保持している間は接戦を演じるも、ひとたびエナジーが切れれば大量失点。信じてきた道をこのまま信じてゆくか、決断の迫られる局面かもしれなかった。

さらに翌1978年度。チームの戦略転換を促す重要かつ厳しい出来事が起こる。

このシーズンの初戦では京都大学に14―36で敗れたのだが、0―12とリードされて迎えた前半28分、自陣ゴール前での自軍ボールスクラムをぐい、ぐいと押し込まれる。慌てて球をフッキングするも、こぼれ球を相手に拾われ追加点を許した。

「スクラムで戦えなければ、理想とするランニングラグビーは実行できない」

京都大学に押し込まれたシーンは、いまなお大西先生の脳裏に刻まれている。2勝5敗の7位でこのシーズンを終えた京都産業大学は、リーグ戦3位に躍り出た1980年度もスクラムで辛酸をなめる。初の大学選手権出場をかけた関西第3代表決定戦で、フォワードの平均体重で約6キロ上回る中京大学に押しまくられた。組み合う際のバインドが甘く、ひどい時は2メートルも後退したようだ。

大西先生はこの時期、大幅な改革で後年に続く礎を築いてゆく。

11　セットピースラグビー

「僕ね、実はスクラムにはあまり興味がなかったんです。藤井先生に教わっていまして、だから、とにかく走ること、走ること。スクラムは押さない。ただ、ボールを動かすも何も、スクラムで押されたら話にならなかったですね。それに比較的、そこのポジション（フォワード）は努力したら強くなるところが大きいのかなという感覚でした。バックスにはバネや天性の反射神経が必要ですが、フォワードは少々鈍臭くても何とかやっていける。そんなに選手に恵まれていたわけでもなかったですから、そのあたりのことは自然と考えるようになりました」

１９７８年度の京都大学戦、１９８０年度の中京大学戦のショックを受け、大西先生は強いスクラムこそが理想のランニングラグビーを実現するための必要条件だと悟った。１９７８年度までの５シーズンで、同志社大学と天理大学戦での平均得点は「10・25」と「6・5」。仮にフォワード中心のランニングラグビーが機能してボール保持率を高めたとしても、十分なスコアを得るにはさらなるサムシングが必要だった。大西先生はそのサムシングを、スクラムに求めたのだろう。

スクラムは、フォワードとフォワードがぶつかり合う攻防の起点。大西先生の言葉通り、高校時代からのスター候補が有する「バネや天性の反射神経」がなくとも、理論に基づく反復練習で磨き上げられる。京都産業大学には当時から猛練習の文化が根づいていたから、才能に頼らぬ領域をどこまでも強化できそうではあった。京都産業大学は１９８０年、フォワード中心のランニングラグビーからスクラムを中心としたセットピースラグビーへと戦略転換をした。

ここまでの試行錯誤の８年間を、大西先生は「チームに合った戦略に到達するためにはどうしても必要な時間だった」と振り返っている。

京都産業大学のスクラムと言えば、「3番のオーバー」バインドだ。背番号2をつけた最前列中央のフッカーが両プロップをバインドする際、左腕を背番号1左プロップの上側から、右腕を背番号3右プロップの下側から回す。この際、1番は臀部を2番に寄せ、前にせり上がった3番が塊の先頭となる。この理論を採用した背景について、大西先生はこう証言する。

「どこか途中から何かがきっかけで、とにかく3番を出さなあかんのやということが頭にずっとあって。かといって3番の身体が小さい時はどうしたらええねん……となった。それで、これが定着したんですね。それと、『キョウサンのラグビーは3番』というようにして、彼ら（3番の選手）にプライドを持たせる側面もありました」

京都産業大学は2019年もこの「3番のオーバー」を徹底。現在はほぼすべてのチームが、フッカーが両腕を両プロップの上側から回す組み方を採用するなか、独自路線を敷くのだ。このスタイルには、3番の選手が脆弱な場合は互いのバインドがほつれ孤立しやすくなるという構造的な弱点もある。しかし大西先生の言葉通り、この構造ゆえに「キョウサンのラグビーは3番」とこの位置を目指す選手が自覚と矜持を持ってきた経緯もある。私も、「JAPAN WAY」を打ち出す日本代表に入ってワールドカップで3勝した。真似事でないスタイルを貫く尊さは、よくわかっているつもりだ。

オリジナリティあふれる「キョウサンのスクラム」が決定的に知れ渡ったのは、1982年度の年。

大阪体育大学との第3節では、前5人の平均体重が15キロ上回る相手パックをめくり上げるように押し、後半14分には認定トライを獲得した。前半のミスが響き15―25で敗れたとはいえ、目指し始めたセットピースラグビーへの手応えを掴めただろう。立命館大学との第6節では3本連続のスクラムトライを決めるなどして55－12で大勝。リーグ戦では5勝2敗で3位となり、関西第3代表決定戦でも名城大学に37－4で勝利。創部以来初となる大学選手権出場を決めた。

念願の大学選手権一回戦でも、早稲田大学に16－45で敗れながらスクラムでは光る。ハーフタイム直前に敵陣ゴール前でのスクラムを7度も組み直して認定トライを奪取。スクラムトライのシーンは京都新聞にこのように描かれた。

練習合間の撮影。大西先生お気に入りの写真

「約5千人の大観衆をのんだ花園ラグビー場。『オーセ、オーセ』の大コール、圧倒的な早稲田大有利の予想に反発し、意地と執念を燃やしながら戦う京都産業大。5回目、6回目とスクラムは続いた。もう時計は前半終了を告げる40分を指していた。ついに7回目。『行くぞ!』と三原主将の声と共に京都産業大FWはゴールへ。伊神レフリーの手が上がった。認定トライだ。躍り上がって喜ぶ京都産業大。一瞬、早稲田大陣営に屈辱の表情が走った。試合を終えた京都産業大の選手たちは全員、胸を張っていた。三原主将は『早稲田大は筋金入りの強さだった』と試合を振り返りながらも『認定トライが嬉しかった』と声を弾ませる。大西監督も『機会があれば、ヤレと言っておいた』という。試合は16－45で大敗したものの、来季に一層の飛躍が期待される奮闘

ぶり。『次はBKを強化。優勝できるチーム作りをしたい』と抱負を述べる大西監督。この早稲田大戦で来年への手応えを掴んだようだ」

京都産業大学がこだわるセットピースには、ラインアウトからのモールも挙げられる。モールとは、ボール保持者を軸に複数名が塊となるプレー。空中戦のラインアウトの後に多く組まれるのだが、京都産業大学はここで緻密さを打ち出すのだ。

起点となるヘッド、その両サイドのエッジと呼ばれる選手を軸に縦長の塊を形成。それぞれがヘッドとエッジの役割を順次入れ替えながら、相手防御のいない箇所へアメーバのごとく進む。

名づけて「チェーンモール」。他チームが相手とがっぷり四つに組んで力に物を言わせて押し合う「パワーモール」を用いていた時代にあっては、画期的なシステムだったと言える。

私は卒業後の所属先でもこの技術を落とし込んだが、十分に通用した。大西先生は「京都産業大学のモールは芸術だ」と胸を張る。

「チェーンという発想はうち独特かもわからないね。（互いの）チェーンを切らない、チェーンの中に（相手を）入れないという発想です」

もちろん試合には相手もいるから、モールの「チェーン」を相手にちぎられることだってある。しかし京都産業大学は、いちど相手にちぎられた「チェーン」を「修復」するスピードにも自信がある。大西先生は続ける。

「技術的なことですけど、チェーンの修復は他所よりは早いと思いますよ。スクラムにしろ、モールにしろ、根性論だけじゃないんです。粘りを生み出すには数（練習量）は必要ですわ。ただ、根性論で強くなるものじゃない」

一定の論理をもとに、たくさん練習する。京都産業大学のフォワードは、古典芸能の習得に似た手順を踏んでいる。

12　一つひとつ誠実に

遡って1979年度。大西先生にとって思い出深い選手が京都産業大学に入った。三原正也さん。九州の強豪である大分舞鶴高校から初めて入ったOBだ。

偶然の決定だった。高校3年の段階で父親の勤め先でもある製鉄企業から内定をもらった三原さんだったが、この時の鉄鋼不況のあおりを受け、秋になったら内定を取り消されてしまう。

折しも、秋も深まった全国大会。再度、就職活動をしようにも時期が遅かったため、三原さんはラグビー部の顧問に大学でラグビーを続けられないかと相談。しばらくすると、京都産業大学への進学が決まった。大西先生が尽力したためだ。高校の同期である森敏美と一緒に京都産業大学へ進むこととなった三原さんは、「ただただありがたかった」と後述。1982年は主将として活躍する。

チームがランニングラグビーからセットピースラグビーへの転換を図った1978年以降、大西先生はグラウンド外でも新たなアクションを起こしていた。リクルートの強化である。それまで関西を中心としてきた新人発掘のエリアを、この年から九州まで拡張。まず手始めに頼ったのが、天理大学柔道部の中治だった。中治はラグビー強豪校の大分舞鶴高校との間にパイプを築いており、大西先生はそのつながりを活用した。

三原さんの件に近い出来事は、他の高校との関わりのなかにもあったようだ。大西先生はそれら一つひとつに対して、常に誠実に対応した。やがて各高校の関係者と、深い信頼関係を築いてゆく。その延長で、大西先生を信頼する高校の指導者が自軍の高校日本代表選手に京都産業大学入学を勧めるようにもなった。

大西先生への信頼感は、大学当局の間でも次第に高まっていた。もともとスポーツ推薦枠は監督には裁量権のない4～5枠にとどまっていたが、三原さんが入学した時には10枠に増えていた。

大西先生の大らかな人柄、大学の教員とラグビー部の監督を兼ねる大西先生の地位が効果を発揮したと言える。本人は言う。

「監督を続けることにより、多くの高校の先生と知り合い、次第にそれらの先生との間に信頼関係が生まれ、時間とともにそれが強くなっていった。そうなると、高校の方からいい選手を送ってもらえるようになった」

三原さんが主将を務めた1982年度は、高校3年時に花園に出場した高校からの入部者は合計24名となり、初めて試合の登録メンバー数である22人を超えた。さらにルーキーには、クラブ史上初となる高校日本代表選手が2名。大分舞鶴高校の秦光広さんと興国高校の西川登志雄さんは1年から試合に出場し、4年間レギュラーポジションを保持する。大西先生のリクルート強化政策の成果が表れ始めていた。

13　タックルしてはまたタックル

各高校の先生との関係を築きながら、大西先生は隠れた才能の発掘にも余念がなかった。

セットピースラグビーという軸ができてからは関西大学Aリーグで中位に定着し始めていた京都産業大

学だが、高校ラグビー界の逸材を獲得する際は同志社大学や関東の伝統校との競合に苦しめられていた。1984年の秋の某日も、京都の吉祥院球技場へ訪れていた。特にターゲットを定めず、目の前の真剣勝負に目を凝らす。

東宇治高校の田倉政憲を見たのは、その時だった。

公立の東宇治高校は強豪校を相手に次から次へとトライを決められていたが、ひとり諦めずにロータックルを繰り返す小さなフロントローがいる。「タックルにいっては、またタックルにいっている」。それが後に右プロップとして日本代表入りした田倉さんだった。

大西先生はその場で高校の先生に声をかけ、まもなく入学を成立させた。スクラム最前列中央のフッカーに据え、2時間超のスクラム練習に参加させる。

田倉さんが2年生になったある日、気の強い笹木栄さんを対面にスクラムを組ませた。当時のレギュラーだった笹木さんは、ヒットの瞬間に田倉さんの肩ではなく頭にぶち当たった。タフな下級生に定位置を奪われたくない一心で、頭突きをお見舞いしたのである。

泡を吹いて救急車に運ばれた田倉さんだったが、何と翌日の練習に参加してきた。この日も同じように笹木さんとスクラムで対峙。また、頭突きを食らって119番。翌日、また田倉さんはグラウンドへやって来た。やがて、田倉さんはプロップにコンバートされレギュラーに昇格する。

田倉さんが入学する前の1984年度は、その前年の4年生の卒業でややフォワードが弱体化したと見られていた。ところが翌1985年度には、同志社大学と3—6と競り合うまでに持ち直した。京都産業大学に、大西先生ご自身のなかに、フォワード強化の技術やノウハウが蓄積されていた証だ。

1987年 京都産業大学が初めて同志社大学に勝利した試合

ずっと「聖戦」と銘打ってきた同志社大学戦に初めて勝ったのは、1987年度。田倉さんが3年生の時だった。平均で5キロは下回っていたであろう体重差をものともせず、低い姿勢の「3番のオーバー」がエリート集団を押し込む。「チェーンモール」も冴えた。後半39分の逆転ペナルティーゴールが決まり、10－9でノーサイド。京都産業大学らしい勝ち方で、初期に掲げた3つの目標のうちひとつを叶えたのだった。就任15年目だった大西先生は感涙し、胴上げで宙に舞った。

この年の関西大学Aリーグでは6勝1敗で大阪体育大学、同志社大学と並ぶも得失点差により3位で終戦。大学選手権出場のため、関西第3代表決定戦に回った。ただしこの一戦では過去2戦2敗の中京大学に56－8で快勝した。スクラム、モールで機先を制すると、以後はバックス勝負でもスコアを重ねた。京都産業大学のフォワードの平均体重は、初めて中京大学と対戦した1981年度に比べて5キロも増えていた。大西先生のリクルート活動、ウエイトトレーニング、栄養合宿などの成果が表れたと言える。

田倉さんは1988年度までプレーしたが、広くラグビーファンに知られたのは卒業後。三菱自動車工業京都（後の三菱自動車京都レッドエボリューションズ）へ入って間もない1989年、日本代表監督に就任したばかりの宿澤広朗が田倉さんを「スクラムが強く、安定している」と抜擢。同年5月28日に組まれたスコットランド代表戦で、背番号3を預けたのだ。田倉さんにとって、この日が代表デビュー戦となった。銀行マンとしても優秀だった宿澤は、欧州列強の一角だったスコットランド代表とのゲームにも「スコットランドには勝ちますよ」と強気の宣言。相手がブリティッシュ&アイリッシュライオンズに主軸を割いていることなどを鑑み、田倉さんをはじめとした相手の嫌がるしぶといメンバーを選抜し、一戦必勝の戦法で挑んだ。背番号12をつけたのは、大西先生と親交の深い平尾主将だった。

28―24での勝利で秩父宮が沸くと、観戦に訪れていた大西先生は宿澤に声をかけられた。

「ありがとうございました！　先生のおかげです！」

時の代表指揮官が自分の選んだ選手の背景に触れ、謝辞を述べた瞬間だ。この時の嬉しさを、大西先生は忘れないと言う。

田倉さんは1991、95年のワールドカップにも出場。大西先生にとっては、日本代表入りした初めての教え子が田倉さんだった。なお、続く1999年大会の日本代表には、1993年主将でセンターで活躍した吉田明さんも選ばれている。

愛弟子の応援のためにワールドカップを観に行ったのは、指導者冥利に尽きただろう。

14　歴史は浅くとも伝統校になれる

改めて、大西先生が初期に掲げたチーム目標はこの3つだ。

1、同志社大学に勝つ

2、イギリス（ラグビー発祥の地）遠征をする

3、大学ラグビーチャンピオンシップを勝ち取る（大学選手権で優勝する）

１９８７年度に関西の雄、同志社大学に勝ったのは先述の通り。この試合に関してはもうひとつ、興味深い記述がある。忘れがたいエピソードがあるのでここに記したい。

京都産業大学世界問題研究所所報「世界の窓第７号　１９９１（平成３年）」に、大西先生が書かれた『楽志』という原稿がある。その記述によれば、同志社大学を破る前年の１９８６年には大西先生と最上級生との軋轢などがあり、「おそらくこれまでの人生で最も辛い時期を過ごした」とのこと。さらに１９８７年度は「正直なところメンバーは前年度の方がよかった」という戦力。大分舞鶴高校出身の森迫政信主将は、下級生とのポジション争いに敗れていた。

決戦前夜メンバーとのミーティングで、大西先生はこう訴えていた。

「俺を信じろ、自分たちのやってきたことを信じろ、チームを信じろ、いいか、お前たちを待っているものは勝利の栄光だけだ」

結局、至極の感動を味わうこととなった京都産業大学にあって、大西先生が嬉しかったのはテレビのインタビューに答える森迫さんの清々しい笑顔だった。

「森迫君おめでとう。ゲームに出ないでチームを引っ張っていくのは大変なご苦労があったと思いますが、やはりグラウンドに出ていたかったですか。今どんなお気持ちですか」

「僕が試合に出ないことでチームが勝てるなら、こんなに嬉しいことはありません。苦労はしていません」

森迫さんが試合に出られない苦しさを時に酒でまぎらわしたり、悩み抜いて比叡山の明王堂へ通ったり、陰で他の部員の2倍3倍の努力をしていたことを大西先生は知っていた。

大西先生は、「試合に勝てたことよりこんなに素晴らしい主将を育てられたことが本当に嬉しい」と『楽志』に書き残した。

1980年代 練習風景

このシーズンは大学選手権の1回戦で、その前の大会でぶつかった早稲田大学に4—29と屈していた。京都新聞の記事によれば、当時の大西先生は「今季、打倒同志社大に集中してきた。それが達成できた気の緩みがあったとすれば私の責任」と述懐。劇的な「聖戦」の後に若者たちが一貫性を保つのは、決して簡単ではなかった。
いずれにせよ大西先生の視線の先には、残る2つの目標が据えられた。そして2つ目のイギリス遠征が叶うのは、1990年2月のことだった。
遡って1988年度は、全国における立ち位置が前向きに映った。関西大学Aリーグでの同志社大学との「聖戦」は28—33と惜しくも落としたが、大学選手権の1回戦で2シーズン前に頂点に立った大東文化大学に12—17と接近。試合途中まではリードしていて、当

1988年度　関西大学ラグビーAリーグ　京都産業大学×大阪商業大学

時の京都新聞には「一昨年の覇者・大東文化大を押しまくりながら……」とある。大西先生は大会直前の6日間は外出禁止の天理合宿を張り、スクラムに焦点を絞った大東文化大学対策を実施した。当日は自慢のフォワード陣が大健闘し、日本代表として活躍するシナリ・ラトゥも鋭いタックルで封殺したのだ。

大西先生の談話はこうだ。

「内容は負けていなかった。来年に夢が託せる試合ができた」

ここで競り勝った大東文化大学は準決勝で同志社大学を破り、決勝では明治大学と引き分け。大学選手権で優勝を果たしている。一戦必勝を期した京都産業大学は、その大東文化大学を追い詰め、得意のフォワード戦では優勢だったのだ。この当時は、準備して臨んだゲームでは日本一に迫れるだけの実力があったと推測できる。

しかもこの頃は、2、3年生主体の若いチームだった。将来性を感じ取った大西先生は「来年、強いチームを作り、イギリスへ行こう」と決意した。翌1989年度のシーズンを関西3位、大学選手権1回戦進出で終えたチームは、晴れて念願のイギリス遠征を実現させる。

大西先生がイギリスにこだわったのは、同国がラグビー発祥の地だったからだ。現地では世界有数の伝統校であるケンブリッジ大学かオックスフォード大学との対戦を熱望。ラグビーが生まれた国のラグビー伝統校に挑戦することで、「歴史は浅くとも伝統校になれる」と信じていた。

１９８８年度に「来年は……」と決意した通り、遠征の準備には1年以上も前から取りかかっていた。まず注力したのは、資金作り。手作りでチームを鍛えてきた大西先生は、初の海外遠征へも手作りの風合いを求めた。遠征資金総額１０００万円のうち３００万円を選手の個人負担（10万円×遠征に出かけた30人）、２００万円を記念品の販売でカバーした。さらに幸運だったのが、残りの５００万円を京都産業大学同窓会が援助してくれたことだ。大学の20周年記念事業の一環としてのサポートだった。長期政権のもと成果を挙げてきた大西先生のもとには、わずかずつではあるが外部資金が集まるようになってきていた。

現地でのマッチメイクには、熊本ニコニコドーのマーブ・アオアケ氏が仲立ち。ラフボロー工科大学に19—42と敗れた後、伝統のケンブリッジ大学と試合ができることとなった。

前出の『楽志』によれば、杉本浩二主将率いるチームは、応援に駆けつけた元日本代表の林敏之氏にこう檄を飛ばされ、グラウンドへ散った。

「ケンブリッジと学生単独チームで戦うのは君たちが初めてだぞ、名誉だぞ、選手冥利に尽きるぞ。いいか、ボールはひとつだ、体を張ってボールを取るんだ、絶対に勝つんだ」

ノーサイド。24—25。

記録上は2戦全敗のイギリス遠征だったが、いざグラウンドに立つまでの情熱とマンパワーが誇るべき記録となった。

「歴史は浅くとも伝統校になれる」

そう語った当時40歳の大西先生は、以後も京都産業大学の伝統を紡いでゆく。

15　ひたむきに

イギリス遠征前の１９８９年度は、関西大学Aリーグを3シーズン連続の3位で終えている。下位チームを相手には自慢のフォワードが強みを発揮し、大西先生も「ひたむきラグビーが定着し、スクラム、モールというオリジナリティがチームに確立された」と回想。このシーズンで上位だった大阪体育大学、同志社大学には相手校の研究に苦しみ痛い星を落としたが、当時の京都産業大学のフォワード陣はチーム史上最強だったと見る向きも強い。伝統校ほどではないにせよ、全国大会の経験者も安定的に入学するようになった。京都産業大学の「ひたむき」というイズムがタイトル奪取につながるのは、遠征後の１９９０年度だった。

この年、開幕4連勝と好スタートを切ったチームは同志社大学との「聖戦」を26―22で制している。さらにはディフェンディングチャンピオンの大阪体育大学戦も25―12という逆転勝利。そのまま全勝優勝を果たした。

以前はフォワードが奮闘しながら上位陣に競り負けていたのだが、このシーズンは各所で総合力が評価される。当時の記事でも「フォワード、バックスが一体となった速い展開力」（京都新聞）が取り上げられていた。この時期のチームでは、前述の吉田明さんが1年生ながらセンターのレギュラーに定着。鍛えたフィットネスや「3番のオーバー」のスクラムを軸としながら、もともと大西先生が求めていた「ランニングラグビー」に必要なタレントも躍動した。いずれも「ピクラム３０００」などを代表とする猛練習、各高校とのネットワークのたまもの。大西先生のまいた種が、18年目にして見事に花開いたと言える。

大学選手権でも1回戦で大東文化大を31―20で撃破。準決勝でも「前へ」を標榜する明治大学からスクラムトライを奪い、東京の旧国立競技場を沸かせた。15―29で惜敗も、強豪校の仲間入りを果たすには十分な結果を残した。

1990年度 全国大学ラグビーフットボール選手権大会 準決勝
京都産業大学×明治大学

16　何事も一生懸命

正のスパイラルは続く。1990年度に関西初制覇と全国4強入りを成し遂げた京都産業大学ラグビー部は、翌年度以降の4年間も関西大学Aリーグで2、2、2、1位と安定的に首位争いを演じる。

特に吉田さんが主将を務めた1993年度は、16チームによるトーナメント制となった大学選手権2回戦で歴代最多優勝を誇る早稲田大学を22―21で破った。後半途中までに5―21と大量リードを許しながら、ペナルティーゴールで迫って最後の最後に逆転。「ひたむき」という無形の迫力で迫るのが、京都産業大学のアイデンティティだ。

続く1994年度は龍谷大学に敗れながら6勝1敗で関西王者となる。大学選手権でも2シーズン連続で4強入り。当時の

大西先生と廣瀬さん（左）

中心選手には代表戦士もいる。スタンドオフの廣瀬佳司さんだ。

　1992年に入学した廣瀬さんは、大阪府立島本高校2年時に全国大会出場、3年時には高校日本代表選出を経験。いわば京都産業大学の「エリート枠」にあたる選手で、正確なゴールキックを長所に1年時からレギュラー入りした。大学2、3年時は先述の上位進出も成し遂げ、1994年は何と日本代表に初選出された。日本代表には大学3年で初選出され、4年に1度のワールドカップでは大学4年生だった1995年から3大会連続で出場した。ゴールキッカーはナショナルチーム、さらには1996年に入社のトヨタ自動車でも任され、ついたニックネームは「ゴールデンブーツ」だった。

「廣瀬は、思い出深いですね」

　実は本書用のインタビューで、大西先生は「最も思い出に残る選手は」との問いに廣瀬さんの名を挙げていた。高校時代の廣瀬さんに「ものすごく一生懸命プレーする人」という印象を抱いたこと、他校進学の選択肢よりも京都産業大学を選んでくれて嬉しかったこと、何より「酒も一生懸命だった」ことが忘れられないと笑う。

小柄で飄々とした印象の廣瀬さんだったが、その実、当時多くいた「昭和のラガーマン」の風情を醸していた。私もトップリーグで時間を過ごすうち、大学の先輩でもある廣瀬さんの豪傑ぶりをよく耳にした。大西先生は、学生時代の朝練習の逸話を紹介してくれた。

「彼はね、朝練習の前に走ってくるんですよ。（酒の）臭いを消すのに。（朝練習では）筋持久力系、瞬発系と2つのグループに分かれてウェイトトレーニングをやるんですけど、僕が目の前を通ったら彼、息を止めとるんです！ あの頃はまだ、酒を飲む文化でしたよね。ラグビー部だけでなく、学生（全体）も」

朝練習の前に深酒ができる体力とメンタリティは――必要なのかどうかはさておき――現代のトップアスリートには見られなくなってきた。

17　有言実行

京都産業大学出身の日本代表選手と言えば、この人を忘れるわけにはいかないだろう。大畑大介さん。日本が世界に誇る快速トライゲッターだ。

1994年に入学した大畑さんは、在学中だった1996年に日本代表入り。50メートル走5秒台の加速力を長所に、代表の正ウィングに躍り出た。時の指揮官は、大西先生と親交のあった平尾誠二さんだ。

平尾さんの抜擢について、現役引退後の大畑さんはウェブサイト『Dメニュー』のインタビュー（2019年）でこう応じている。

「平尾さんは、僕のことは無理して使ってくれていたと思います。試合ごとに力を発揮できる振れ幅がすごく大きな選手だったのに、『はまった時には、ビックリするくらいの力を発揮するから』と」

大西先生と大畑さん（左）

4年に1度のワールドカップへは、平尾さん時代の1999年から2大会連続で出場。2006年には、テストマッチ（代表戦）のトライ世界最多記録を更新。通算69まで伸ばしたそのレコードは、いまだ破られていない。

トップアスリートが運動神経を競い合う番組や各種バラエティなど番組にも多く出演。競技人気の低迷が叫ばれていたなか、世間におけるラグビーの認知度を支えてくれたレジェンドでもある。「本当は人見知り」という人物評でも知られるが、他方では大阪の東海大仰星高校時代から「僕を取材してください。将来、日本代表になりますから」と当時のメディア関係者に宣言していたようだ。

刺激的な言葉選びや髪を茶に染めたいで立ちで華美な印象を与える大畑さんだったが、大西先生によれば京都産業大学らしい「ひたむき」な選手のひとりだったという。

「彼は何やかんや言うても、こっちが『走れ』と言うたら走ってましたね。よく、走ってましたわ。本当によう練習しました」

当時のチームはオーストラリア遠征に出かけていたが、怪我で別メニュー調整だった大畑さんはグラウンドの脇でストップウォッチ片手に心拍数をあげていた。大西先生は続ける。

「(京都産業大学は) ある意味で、本来の (大畑さんの) 好みのスタイルじゃないやろうけど、自分には合っていたとも思ったんじゃないですかね」

人一倍努力してエリートを倒す。それが高校日本代表では控え (しかも追加招集) だった大畑さんの競技人生であり、京都産業大学ラグビー部の歴史とも重なる。だから大西先生は、「(進学先が) 他やったら、彼はこうはいかなかったんやろな」と思うのだ。

「どちらかというと、有言実行の感覚を持っていたかもわからないですね。自分を追い込まないとなかなか……というところが。『もし言ってできなかったら恥ずかしいから言うのをやめておこう』が日本人の美徳みたいにされているけれど、彼は、言って、それを実行していく」

京都産業大学での大畑さんは4年時 (1997年度) に関西大学Aリーグで3年ぶりの優勝を果たし、大学選手権では準々決勝で早稲田大学に69—18と大勝して4強入り。翌年度の関西大学Aリーグでは2連覇を果たしていることを見れば、大畑さんは90年代の京都産業大学に勢いを与えたひとりと言える。オーストラリアやフランスへ挑戦しながら現役生活の多くを神戸製鋼で過ごし、現役最終年は私も一緒にプレーできた。

「彼はものすごく律儀で、この間も大学に (所用で) 来た時もちゃんと『きょう、行くんですけど』と事前に連絡してくれた。(現役を) 辞める時も、ちゃんと挨拶に来たしね。ちょっと照れ屋やから外には見せたがらないところだろうけれど、礼儀正しいですよ」

卒業生の成長した姿について語る時、大西先生の口元は決まってほころぶのである。

18　今も昔も変わらない

長く指導者をされてきたなかで、手を焼いた学生はいませんでしたか。

今回のインタビューでこのように聞かれた大西先生は、「手を焼いたということはないんですよ」と即答。笑いながら続けた。

「昔は喧嘩沙汰もあったりして、警察にも何回行ったかわかりませんよ。警察の方と知り合いになったりしました」

そういえば大西先生は「アウトロー」と自嘲する少年期を過ごしてきた。一般的に「手を焼きそう」と見られる学生も、一個の人格として丸ごと受け止める。「本当の悪人などどこの世に存在しない」と考えておられるような。

「……そんなこともあって、人間的に悪いのには当たってない。いまは、『昔とは学生の気質が変わったでしょ』とよく聞かれるけど、そんなことは全然、感じないんですよ。いまも昔も、ほとんど変わらないと思う。変わっているのは自分たちじゃないかなと思うので」

そう。変わっているのだとしたら「自分たち」。キャリアを重ね、年を重ね、人との向き合い方や人への視線が変わることは十分にあり得る。

私の卒業後に入った後輩で大西先生の手を焼かせたであろうひとりに、田中史朗が挙げられる。

伏見工業高校出身のフミこと田中は、三洋電機（パナソニック）2年目の2008年から日本代表入りしてワールドカップには2019年の日本大会まで3大会連続で出場。私も参加した2015年のイングランド大会でも、主力のスクラムハーフとして南アフリカ代表などから歴史的3勝。何より2013年にはニュージーランドのハイランダーズの一員となり、日本人で初めて国際リーグのスーパーラグビーでプレーした。身長166センチと小柄で、スピードもそうあるわけでもないなか、世界トップクラスの舞台で活躍したのだ。その集中力、勝負勘、判断力の高さに異論をはさむ者はいないだろう。

さらにフミのよさのひとつには、歯に衣着せぬ発言ができるという資質もある。私が代表にいた頃も、フミはエディー・ジョーンズヘッドコーチに練習内容などチームに関わることについてかなり意見していた。口論の絶えない選手を起用してきたエディーの懐の深さもさすがだが、世界的名将に臆せず持論をぶつけるフミもすごい。

「日本一の練習量」を標榜する京都産業大学にいた頃も、大西先生に何度か意見具申していたようだ。常に自らに走り込みを課しているあたりは——偶然だったとしても——実に「キョウサン」らしいのだが、卒業後のフミのコメントを聞く限りは両者の意地がぶつかる瞬間もあったのだろう。

1990年代 練習風景 菅平高原ダボスの丘

このことについて、大西先生はどうお感じになっているのだろうか。

「……僕は、あまり覚えてないんですよ。そんなん、似たようなことは（前後に）いっぱいあるしね。学生とはいつもぶつかってき

1990年代 スクラム練習風景

たので、あまり記憶にはない場合が多いんです。『あいつ大丈夫かな』と思うことはあるけど、『あいつ憎たらしい！』と思ったことはない。そんなものですわ」

時間が経ってから振り返る田中のエピソードは、初めて見た時に感じた手先の器用さ、自らの判断で行かせたニュージーランド遠征の効果に終始していた。

「田中に関してほんまに覚えているのは、ものすごく器用な選手だったということ。高校日本代表の遠征に行ってきたか何かで（他の新入生より）遅れてうちに来て、宿舎からグラウンドまで2人で歩いて行った日があったんです。その間、バスケットボール選手がやるみたいにボールを指先でくるくるーっと回していて。

これは（海外で）勉強させたらいいんちゃうかということで、ニュージーランドに行かせたんです。ニュージーランドには、それまでもうちの子が何人か行っていました。それが勉強になったんじゃないですか。彼のラグビー人生で一番の分岐点は、そこやったかもわかりませんね」

19 プロップ

日本ラグビー界のパイオニアとも言われる田中が京都産業大学の4年生だったのは、ラグビーワールドカップフランス大会を間近に控えた2006年度。このシーズン関西大学Aリーグで2位となり、大学選手権では4強入りを果たす。田中のゲームメイクもさることながら、伝統のスクラムが相手に脅威を与えた。

当時のプロップには3年生が並んだ。ひとりは私のリコー時代の後輩でもある長江有祐。初期のエディージャパンにも選出された長江は身長171センチと小柄ながら筋力がめっぽう強く、スクラムでは低い姿勢が崩れない。左右両方のプロップをこなす器用さもあり、時にはやはり3年生でフッカーも兼ねる後藤満久が左、長江が右に入ることもあった。

もっとも大西先生は、かねて長江は「1番（左）で育てよう」と考えていた。そう思った背景には、長江と同学年に3番（右）の有望株の存在がある。

山下裕史。神戸製鋼そしてワールドカップイングランド大会でも私とプレーした、身長184センチ、体重125キロのパワーストーンである。

後に日本代表、さらにはニュージーランドの強豪チーフスの一員としても活躍する通称「ヤンブー」だが、高校時代は無名の存在。京都産業大学に入ったのは、出身の大阪・都島工業高校ラグビー部の監督が大西先生の後輩だったことがきっかけだった。

だから山下の印象を大西先生に聞けば、中学までしていた野球が上手だったこと、一方でスクラムがさほど強くなかったことを思い出される。山下もまた、1日1時間超のスクラム練習で鍛えられたひとりだったのだ。

なお大西先生は、スクラムが強くなるかどうかの基準にその選手の足首や股関節の柔らかさを見る。

「スパイクの裏で地面を捕まえるとは、そういうことですね」。スクラム職人の長江も「べちゃっと股割りができる。これは強くなる」と看破。恵まれたサイズを誇る山下とのコンビには、「この（2人が4年になった）年は絶対にいける」と期待したという。

もっとも、思うに任せぬのが世の常である。2007年度はシーズン初頭に長江がアキレス腱を負傷し、大学選手権では2回戦で明治大学に0－29で敗退。スクラムトライも決められた。

20 セービング

試練は続く。京都産業大学ラグビー部が最大の危機を迎えたのが、4強入りから2シーズン後の2008年度である。関西大学Aリーグでは2勝5敗で、黎明期だった1977年度以来となる最下位に終わった。

かくして下部との入替戦に進むのだが、相手は当時勢いに乗っていた龍谷大学。かたや京都産業大学は、最上級生が下級生時代に全国4強を経験しているからか断崖絶壁に立たされているという危機感に欠けていたか。少なくとも、大西先生にはそう映った。

繰り返せば、京都産業大学の理念には「大学ラグビーチャンピオンシップを勝ち取る（大学選手権で優勝する）」との文言がある。いついかなる時も大学日本一を目指すのを信条とするのだが、もし今度の入替戦で負ければ翌年度は目標を掲げることすらできなくなる。

危機的状況を脱すべく、大西先生は最後の手段を取った。

試合当日の12月13日。京都は宝が池公園球技場で、当時の主将だった橋本大輝へ声をかける。

「4年生だけ集めてくれ」

ウォームアップを終えたメンバーに加え、スタンドにいたブレザー姿の4年生も手狭なロッカールームへ集まった。真剣な顔の部員、冷笑していた部員、何事かといぶかしがる部員……。一人ひとりの顔を見て、大西先生は言った。

「今日の試合で俺は最後や」

そう。大西先生は「Bに落としたら、俺が監督である意味もない」と、かねて大学側に辞意を告げていた。付け加えれば、自らの辞任発表で新たな緊張感を生み出さねば、本当に下部に降格すると考えていた。翌年の4年生が日本一を目指せない事態は、何としても避けたかった。

ロッカールームで大西先生が話すと、それまで「へらへら」していた最上級生も涙を流したという。試合ではフランカーとして先発した橋本主将が勝ち越しトライを決めるなど4年生が活躍。味方がセービングでボールを確保した試合終盤、後に日本代表入りする橋本はしみじみと思った。

「ピックアップをやっていたおかげで、勝てました」

ノーサイド。36―28。大西先生は、自らの進退を引き換えにクラブの未来を守った。

21 大義

Aリーグ残留を決めヘッドコーチの吉田さんに監督を譲った大西先生だが、2009年度以降も総監督の立場でグラウンドへ通った。

一歩引いた立場となって、得られたのは広い視野だった。

「やっぱり、選手はいろんな気持ちで練習してるんやなと。自分がコーチして選手を見るのと、外から見るのと、いろいろ違いがある。自分では一生懸命に皆と一緒にやっているつもりが、そうでない部分も結構ある。それは、ちょっと離れたことで見えたかもしれないです」

グラウンドレベルで選手と対話しながら練習していた時と違って、そっぽを向く部員、エネルギーをセーブしている部員の顔が見えたと言いたげだった。猛練習漬けという日常で常に力を出し切る難しさを、監督を辞めて初めて気づいたのかもしれない。ラグビーは、人間がするものだ。

大西先生は2011年、監督に復帰する。改めて「チャンピオンシップ」を目標に掲げるが、いまでは王座を狙う大義がより深みを増したという。

「橋本たちが頑張ってチャンピオンシップの道を残してくれたから、いまもチャンピオンシップを目指せるわけで。その子たちのために、そこ（大学日本一）に連れていきたいんですよね――」

22 学び続ける

「ずーっとひとりでやってきたので、人に比べて組織というものがあまりよくわかってない。行き当たりばったりなところがあったかもしれないです。それは計画立てて……ということは、なかなかできなかったかもわかりません」

幾多のトライアルアンドエラーを繰り返して京都産業大学を強豪に押し上げた大西先生は、自らの足跡をこう振り返ることがあった。確かに大西先生を支えるスタッフ陣には入れ替わりが多い時期もあった。

しかし2013年には、元神戸製鋼の元木由記雄さんがコーチに就任。前年度に7位だった関西大学A

リーグでの成績を3位に引き上げ、翌2014年度は2位に躍り出た。2013年度までエースとしてプレーした山下楽平は、神戸製鋼に入ればルーキーイヤーからトップリーグでトライ王を獲得。素材と鍛錬がシンクロした。

日本代表キャップ（国際試合出場数）79を誇る元木さんが嬉し涙を流したのは、2016年度の大学選手権でのことだ。

12月11日の2回戦で、母校の明治大学を26―22で制した。鋭いタックル、低いスクラムが、東のエリートのミスを誘った。

「入学してきた時には『大丈夫か』と思わせたような選手が努力をして、明治大学に勝つ。そのことが素晴らしいと思いました。（母校に）勝ったのが嬉しいという思いもありますが、（一番嬉しかったことは）違うんです。コイツら（選手）の頑張っている姿を観られたのが、嬉しいんです。力をつけた。成長した。そこにジーンときます」

大西先生もまた、「いついかなる時もチャンピオンシップを目指す」との決意に現実味を持たせていた。

「チームとしてナンバーワンを目指している。その経験はありませんが、スクラムでも、球回しでも、何かナンバーワンになるものがあれば、そこを起点に（日本一へ）近づけるかもわからない」

日本一を目指す傍ら、教え子たちの人生についても手厚くサポートする。

2017年度の主将だった中川将弥は、4年時の関西大学ラグビーAリーグ最終戦で頸椎を損傷。一時は全身不随となったが、懸命なリハビリによって2019年春から復学を果たし、彼も一緒に後進の指導にあたっている。

大西先生は中川を自らの授業にゲストスピーカーとして招き、前向きにチャレンジすることの大切さ、仲間への感謝などを語ってもらった。退官を間近に控えた大西先生は、人間社会における再挑戦の機会の大切さや、立場によって見える世界が違うことを再認識している。

「ラグビーのなかでも、人生のなかでも色々と勉強しますわ。皆で支えるということになかなか目、気が向いていなかった部分もあるのですが、これを機にものすごく学びました。

300人くらいが集まる僕の授業に中川を呼んだら、みんな感動して彼の話を聞いていたなぁ。彼へのメッセージと授業の感想を（アンケート用紙で）聞いたら、結構ええことを書いているんだ。それは励みにもなると思ったから、中川に渡しました。

人間って、知らずにしょうもないことをしていることが多いんですよね。この間、ハンセン病の原告団の団長が言っていました。『無知が差別につながる』と。我々は知らないで何でも決めてかかることがあるかもわかりません。中川を通して色々なことを知る。これは自分にとってもいい勉強でした」

23 絆

大西先生はいま、単身赴任中である。というのも数年前から、グラウンドから約10分間の運転で通えるアパートから朝練習に出かけているのだ。

それまでは自宅から車で40分以上かけてグラウンドへ通っていたが、あるタイミングから夜の運転に不安を覚えるようになったとのこと。「もう目が弱くて。夜の点滅がようわからんようになって……」。不動産業を営むＯＢの藤井徹郎さんに当該の部屋を紹介してもらっていなければ、ここまで指導を続けられたかさえわからなかったようだ。

いまは、ご自宅へ帰られるのは週末のみ。普段の食事は「チン、生活です」。奥様のおいしい料理が食べられないのを承知で、過酷な指導現場で身を粉にするのだ。

「グラウンドには必ず出る。それが最低限の責任。いまは色々な役割分担も存在しますが、指導者として物申すならば、最低限、現場にいるという責任は果たさなきゃいけないです」

最後の最後まで、現場主義を貫く。その思いについてゆく今季の京都産業大学ラグビー部では、私の弟が主将を務めている。

伊藤鐘平は、小さい頃から私の試合を観に来ていて、大西先生には当時からかわいがっていただいた。その弟が私の母校を進学先に選び、ロックとして1年生からレギュラーを張り、彼が3年生になった頃から私がコーチとして入閣し、大西先生のラストイヤーに鐘平が主将を務めるという事実には、不思議な縁を感じるほかない。

もちろんコーチである以上は、現実的に勝利を目指す。本書執筆時点では大学選手権進出を目指している真っ最中。予断は許されない。

ただそうは言っても、このチームが起こし得るサムシングにはいちOBとして大きな期待をかけてしまう。鐘平曰く、彼らの代は、選手同士が公私共に仲が良いという。この傾向は、成績をややV字回復させた私の代と同じ。心のつながりが無形の力を生むことは、他のスポーツ、会社組織を見渡しても明らかだ。

今季の結果目標は日本一だ。大西先生が最後だからではなく、京都産業大学は毎年、日本一を狙うのだ。

一方で私は「いい円陣を組めるチームを作る」コーチャーでありたい。

２０１５年のワールドカップイングランド大会で、日本代表は南アフリカ代表から歴史的勝利を挙げている。この時の逸話は様々なメディアで知られているが、時間が経ってから私が思い出すのは当時のチームの「円陣の形」だった。

あれは南アフリカ代表戦の前々日。チーム全員でスタッフ作成のエディージャパンの軌跡をまとめたモチベーションビデオを見た。そのワンシーンにドローンで上空から撮った円陣の写真があった。

とてもきれいな、円だった。

人と人とがつながってきれいな円を描くには、互いに肩を深く組み合わなければいけない。肩を深く組み合うには、その人同士の信頼関係がなければならない。私はあの日のモチベーションビデオで、エディージャパンの絆の深さを客観視できたのだ。結果がどうなるかはさておき、「強いチームになった」と実感できた。

京都産業大学ラグビー部の２０１９年度シーズンも、全部員、全スタッフ、さらには実際には円陣に入らない多くのファンや卒業生、もちろん大西先生が、きれいな円を描けるシーズンにしたいと思っている。

きっとそれは、日本一という結果目標を叶えるための条件のひとつでもある。

第4章 大学ラグビー新興校強化のメカニズム

1 伝統校と新興校

前章で触れた通り、私は2018年に京都産業大学大学院マネジメント研究科で論文を納めた。タイトルは「重量級監督による大学ラグビー新興校強化のメカニズム」だ。本章では当時の論文の趣旨に沿って、重量級監督に関する考察を伝えたい。後述するが、ここでは大西先生も「重量級監督」と定義づけている。大西先生率いる京都産業大学などの強豪大学ラグビー部を調査することで、安定的な成果を残す組織作りのヒントを示せると考えた。

改めて、論文の目的を提示したい。

研究目的は、新興校が新興強豪校となった要因を紡ぎ出すことだった。第3章から読み取っていただけたかもしれないが、日本の大学ラグビー界では早稲田大学などの伝統強豪校が資源の獲得において有形、無形のアドバンテージを有してきた。そんななか新興校が凱歌を奏でるには、指導はもちろん、有望選手の獲得や練習環境の整備などで一層のハードワークが求められてきたように思える。一方、帝京大学が2017年度まで大学選手権9連覇を成し遂げたように、新興強豪校が伝統強豪校を凌駕する傾向も見られる。

論文では、1964年を節目に定めた。大学選手権ができるなど、大学ラグビーの構造が現代の制度に近づいたためだ。そのうえで「1963年以前に関東、関西の1部リーグにおいて優勝を経験している大学」を伝統校、「1963年以前に関東、関西の1部リーグにおいて優勝経験のない大学」を新興校と分類した。さらに「1964年以降に関東、関西の1部リーグで初優勝し、初優勝から10年の間に2位以上6回、そのうち優勝3回以上（初優勝を含む）、かつ大学選手権でベスト4以上2回以上の成績を挙げた大学、あるいはそれに準じる成績を挙げた大学」を新興強豪校と定義した。論文のベースとなるデータには、私がプレーした京都産業大学ラグビー部の詳細なケーススタディ、さらには他の新興強豪校のデータ、当該チームの監督のインタビューなどを用いた。

2 重量級監督

新興強豪校には、ある一定の条件を揃える監督がいた。それを重量級監督と名づけた。

重量級監督とは、私が参考文献のフレーズを用いて作った造語だ。その参考文献とは『［実証研究］製品開発力――日米欧自動車メーカー20社の詳細調査』（ダイヤモンド社、藤本隆宏、キム・B・クラーク著、田村明比古訳、1993年）である。同書は、自動車メーカーの製品開発に関するリーダーシップと組織構造が製品開発のパフォーマンスに与えるインパクトについて検証していた。

同書の結論によれば、「重量級プロダクト・マネージャー」を置く組織構造を採用している自動車メーカーは、製品の首尾一貫性を高度に実現し、社内外の連携を含めたあらゆる領域で成果を挙げているという。重量級プロダクト・マネージャーとは、製品開発（内的統合）の推進者として部門間の調整を効果的におこなうとともに、製品コンセプトの責任者として、ユーザーの考えや期待を製品開発の細部に統合（外的統合）するプロダクト・マネージャーのことを指す。同書では、彼らが広い管轄と重責を担っていることから「重量級」と名づけている。重量級プロダクト・マネージャーは、組織のなかでも地位が高く、必要があれば実務担当エンジニアと直接接触し、フォーマルな権限がなくても、プロジェクトに関係するすべての部門や活動に対して直接・間接の強い影響力を行使するという。

上述の概念からネーミングした重量級監督の条件に欠かせないのは、その監督が大学の専任教員とラグビー部監督を兼任する者である、ということだ。重量級プロダクト・マネージャーがプロジェクトに関係するすべての部門と密な連携が取れているように、重量級監督は選手、コーチのみならず、クラブを保有する大学と緊密な連携が取れていなくてはならない。大学の上層部、もしくは一般学部の教授と連携が取れるのは、やはり大学の専任教員。専任教員とラグビー部監督を兼任する重量級監督は、大学側と連携してグラウンド、寮などのクラブ環境を整備したり、選手のスポーツ推薦枠やクラブ予算を確保したり、もちろんトレーニングや試合へのPDCAサイクルを回したりと、交渉（外的統合）とチームマネジメント（内的統合）の全般にコミットできる。伝統強豪校の多くが招く外部企業からの出向監督（これを論文では軽量級監督と名づけた）と比べ、チームに一本の筋を通しやすいと言える。「従来の伝統や学校そのものの人気からあらゆる資源の獲得において有利な伝統強豪校へ新興校が対抗するには、重量級監督を据えるのが常道なのではないか」という仮説も成り立ちそうだ。

3 交渉力

重量級監督が得られるメリットのひとつは、大学当局との交渉力が持てることだろう。

大学にも実に様々な集まりがある。教授会、各種委員会、入試監督業務の打ち合わせ、忘年会、歓送迎会など、教授や事務方はもちろん学長や部局長などの意思決定者と会える場所は、公式、非公式含め数限りなくある。

大学教員を兼任する重量級監督は、その有益な機会のほぼすべてに顔を出せることになる。キャンパスという名の職場を歩いていたら、偶然に学長とすれ違うことだってある。ここは、教員を兼任していない軽量級監督と大きな違いを生み出せる点だ。

重量級監督の交渉力は、平時の活動でも有利に働く。体育会のクラブが学内施設を利用するには、学生部などの事務職員と連携を取らなくてはならない。そんななか大学教員である重量級監督は、各種の頼みごとをフランクにできる。

一般論として、大学内では教員の方が事務職員より強い権限を持っている。一方で大学教員ではない軽量級監督にとって、事務職員は雇い主者側の人間にあたる。場合によっては、重量級監督が当たり前のように頼める事案も軽量級監督にとってはそうでない可能性もある。

いわゆる「融通を利かせる」シチュエーションは、重量級監督の方が作りやすいと言える。

2000年代の関東学院大学に黄金期をもたらした春口廣氏は、大学教授を務める重量級監督だった。第5章で詳述するが、クラブ黎明期における他の教授とのやり取りについてこんな風に語っている。

「懇親会のような場で教授と雑談しているなかで『絶対に強くしますよ』ってこっちは言うわけじゃん。

向こうは『頑張れよ』って感じで返すものだから、こっちはさらに『今度、勝ったら海外遠征に行きたいんです。ニュージーランドに行けたら勉強になる』と契約書を交わすわけでもなく言う」

学長に対してインフォーマルな席で「交流戦（当時あった大学選手権の前哨戦）に出場したら海外遠征に行かせてください」と冗談の口調で交渉したというのだ。この年の関東学院大学は、春口氏の言葉通りに交流戦へ出場。翌年、ニュージーランド遠征を実現させている。

日本ラグビー界きっての目利きで鳴らす春口監督は、伸びしろのある才能を招くスポーツ推薦枠の確保にも自らの交渉力（および交渉機会）を行使。自身が所属していた文学部以外の学部の教授会にも積極的に出席し、スポーツ推薦枠の増枠を要求して回った。情熱的な春口監督の支援者は学内で広がったようで、複数の学部でスポーツ推薦選手が集まるようになった。その延長で幾多の日本代表選手が育ったのは、ラグビーファンにおなじみの史実だ。

関東大学リーグ戦にあって学内の交渉力を持つ重量級監督には、東海大学の木村季由監督も挙げられる。3度の大学選手権準優勝に導いた新興強豪校と言える東海大学にあって、木村監督は体育授業の環境整備担当委員に就任。あくまで授業の質を高めることを目的としながら、サッカー場、ラグビー場の順に人工芝を敷いた。

高みを目指すアスリートにとって、グラウンドやジムなどの環境整備は渡りに船となり得る。さらにグラウンドや寮などクラブ環境の質で進学先を選ぶ高校生もいるのだから、環境の整備は強化と同時に選手層拡大へも影響力がある。そんなチーム作りの命綱を太くする際にも、大学教員を兼ねる重量級監督はしっかりコミットでき得るのだ。これも、軽量級監督にはしづらいアプローチではないか。

２０１２年まで大阪体育大学の監督だった坂田好弘氏も着任中、大学理事長に対してラグビー部を強化指定クラブにしてもらうよう直談判。ラグビー部の予算、スポーツ推薦枠を増やしている。その大阪体育大学としのぎを削ってきた我らが京都産業大学も、大学教授を兼ねる大西先生という重量級監督のおかげで一定数の選手を確保できているように映る。限られた戦力で関西大学Ａリーグの上位を争うこと、学内における様々な会合の積み重ねから大西先生への信頼感が増幅しているのも間違いなさそうだ。京都産業大学がラグビーをシンボルスポーツと見ているのは、大西先生の功績によるところが大きいと言える。

しかし興味深いのは、大西先生ご自身は学長や学生部長との交渉とチーム力との関連性をあまり強調しない。大学幹部との非公式な接触は多いと認めつつも「練習で鍛えて強くなった」と強調している。

そして69歳を超えた現在に至るまで、グラウンド近くのアパートから朝練習へ通うのである。交渉力の意味合いを語らない重量級監督の姿に、指導者・大西健の矜持を見た。

4　長期政権

大学教員を兼ねた重量級監督の得られるベネフィットには、長期政権を敷きやすい点も挙げられる。確かにひとつのチームを長く指導できる約束手形があれば、単年のプロ契約を結んだ際よりも長期的な視点に立ってチームを強化することができ、様々な試行錯誤に挑めそうである。

京都産業大学の関西大学Ａリーグ初昇格後の最初の５年間の成績は８、４、４、８、７位と低調だ。特にＡリーグに定着したかに見えた昇格４、５年目は８、７位と下位を争っていて、２季連続でＢリーグとの入替戦を強いられている。

もしも大西先生が大学教員を兼任しない軽量級監督であれば、この時点で解雇されていてもおかしくない。

私の論文執筆のための質問に、大西先生はこう答えている。

「監督を辞めさせられるとか、自ら辞することなど微塵たりとも考えず、とにかくチームを強くすることに必死だった」

私は、大西先生以外の重量級監督にも長期政権について質問した。お答えいただいたのは、大阪体育大学元監督の坂田氏、関東学院大学元監督の春口氏、東海大学ラグビー部の木村監督という前出のお三方だ。それぞれが加盟するリーグで優勝経験のある名指導者へ「もし大学教員でなかったら、初優勝まで監督を続けられたと思うか」と聞くことはそれなりに勇気がいるものだが、いざ伺ってみればいずれも誠実な態度で返答していただいた。

春口氏は率直に「教員だからこそ40年間指導できた」とし、坂田氏も同様に応じた。さらには現役の木村監督も「この立場（大学教員）だからこそ時間を作り出すことができている」。大学教員の立場が継続的指導を支えていることを、明確に肯定した。

さらに木村監督は、大学教授だからラグビー部の監督が続けられ、ラグビー部の監督だから大学教授の立場を得られたのだという自らの立場も明らかにされた。

「授業をやって給料をもらっているのが本分。ここは間違いない。変な話、ラグビー部の監督としての僕は一銭ももらっていません。だけど、ラグビー部の監督の役割がなければ僕は教員として東海大学へ来られていない。この関係がなかったら、こんなに長くラグビーの指導に関わることはできていないと思います」

もちろん長期政権を敷くには、腰を据えて任務を全うする根気やエネルギーが求められる。大西先生ら長期政権を敷く重量級監督は、長期政権を敷く覚悟を持って指導している。

5 交渉力と長期政権のシナジー

大学ラグビー界における重量級監督が学内での交渉力を高めたり、長期政権を敷きやすかったりするのは先に記した通りだ。ここからは、重量級監督のメリットである交渉力と長期政権、さらには強化の過程でクラブに積み上がる戦力やチーム力といった資源（選手、スポーツ推薦枠、クラブ環境、指導力、信頼関係、組織文化など）との関連性について論考したい。

京都産業大学のケーススタディから、長期政権は交渉力に若干の好影響を与えているように見える。一般論として、大学の教員の地位は時間の経過とともに上がるもの。それに伴い増してゆくのがその教員の学内における権限で、大西先生もラグビー部監督としてAリーグで初優勝するまでの間に助手から専任講師、助教授と昇進し、教員としての存在感を高めている。大西先生へインタビューした内容を推測する限り、教員としてのポジションの上昇が学内での交渉力を――若干だが――引き上げたと言える。

一方、大西先生の交渉力が大西先生自身の長期政権化を促したとは言い切れない。前出の坂田氏、春口氏、木村監督のインタビューからも、そのような関係性は見出せなかった。

そもそも重量級監督は、教員として終身雇用が保証されている。大学側が教員へ監督の辞任だけを迫るケースも、滅多になさそうである。

京都産業大学のラグビー部で重量級監督（大西先生）の交渉力がもたらしたものは、スポーツ推薦枠を増やし、その自由裁量権を得たこと、その結果として戦力（選手層）を拡張できたことだろう。

大西先生が監督になった1973年当時、ラグビー部にはスポーツ推薦枠が4～5枠与えられていただけだった。しかもこの枠には大西先生の自由裁量権がなく、選手を推薦しても大学側が拒否するという事態もあったようだ。

推薦枠が増えたのは、大西先生が地道に大学当局と交渉したからだろう。推薦枠は1979年頃には10枠に、初めてリーグ優勝する1989年頃には12枠へと増え、実際にどんな選手を取るかも大西先生に任された。他校との競合を制しさえすれば、大西先生が求める選手を年に2桁は獲得できることを意味する。

かくして増えたのが、全国大会（花園）へ出場する高校の出身者の数だ。1973年には7名だったのが1981年には20名を超え、以後はコンスタントに20名以上を維持している。

また1982年には、初めて高校日本代表選手を獲得した。それ以来、関西大学Aリーグで初優勝する1990年まで、常に高校日本代表経験者がチームに（しかも複数）在籍していた。交渉力が選手層拡大の一助を担い得ると言えるだろう。

大西先生は、現場での指導こそがチームを強化するという信念に強いプライドを持つ。そのためご本人へのインタビューでは、重量級監督の交渉力がスポーツ推薦枠以外の資源に影響を与えたという証言は得られなかった。しかし他の新興強豪校では、重量級監督の交渉力がスポーツ推薦枠以外の資源獲得にも影響を及ぼすことが確認できた。先述通り、大阪体育大学にいた坂田氏はクラブの予算を増額し、春口氏は関東学院大学のニュージーランド遠征を実現。木村監督は東海大学に人工芝のグラウンドを作っている。

いずれも交渉力のたまものだ。

長期政権がもたらした資源にはまず、高校との信頼関係、その結果として有望選手の獲得が挙げられる。少なくとも、京都産業大学の事例を見る限りはそう考えられる。その典型例が、京都産業大学と大分舞鶴高校とのつながりだ。

私は第3章で、三原正也さんのエピソードを書いた。三原さんは京都産業大学にとって初めての大分舞鶴高校出身者。三原さんが高校3年時にもともと決まっていた就職の内定を取り消されたと知った大西先生は、高校の監督へ京都産業大学で面倒を見られる旨を伝達した。このように持ち込まれる事案へ真剣に対応することで、大西先生は大分舞鶴高校関係者との信頼関係を深めていった。

経営学に、「時間圧縮の不経済の原理」というものがある。何かを習得するために同じ時間を使う場合、短期間に詰め込んで取り組んでしまうのではコツコツと地道に取り組むよりも効果が薄いという意味だ。

大学と高校のラグビー部の監督同士の関係性にも、この法則が働くと思える。

特に大看板を持たない新興校は、先方から「うちの教え子を預けてもよい」と判断されるまでにはお互いの顔が見える長い付き合いが不可欠。逆に在任期間が短い軽量級監督は、新興強豪校の重量級監督と同じように各高校の関係者との信頼関係を築くのは難しいのではないか。

先に記した通り、京都産業大学では年を追うごとに新入部員の戦力が拡張している。大西先生はその経緯をこう語っている。

「監督を続けることにより、多くの高校の先生と知り合い、次第にそれらの先生との間に信頼関係が生まれ、時間とともにそれが強くなっていった。そうなると、高校の方もいい選手を送ってくれるようになった」

6　戦略的適合

「普段から大学の教職員と顔を合わせていることや学内での業務の積み重ねから自分の存在を理解してもらえる。信頼関係は専任教員だからこそ時間の積み重ねのなかで高まっていく。信頼関係が高まるに連れて、色々なお願い事もしやすくなっていった」

こう語るのは、東海大学を率いる木村監督だ。重量級監督として長期政権を敷いてきた結果、学内に信頼関係のネットワークを構築できたという。

重量級監督の長期政権は、フィールド内にもメリットがある。戦略的適合を達成するまで、試行錯誤を繰り返せることだ。

戦略的適合とは、内部適合（戦略と資源が適合）と外部適合（競争相手との適合）することである。例を挙げると、エディージャパンが猛練習で世界一のフィットネスを身につけ、世界一のアタックを磨いたのは、日本ラグビーの文化および日本人選手の特長と戦略をマッチさせた内部適合であり、体が大きくフィジカルは強いが速いラグビーが苦手な欧州のチームに対する外部適合でもあった。

京都産業大学の戦略的適合は、スクラムを中心としたセットピースラグビーだ。その背後には、理論に基づく反復練習、指導のノウハウ、スクラムに絶対的な価値を置く組織文化、さらにはそれをやり切るタフな部員たちなどの資源の存在がある。ただしここまで記してきた通り、大西先生がこのスタイルにたどり着くまでには監督就任から8年という長い年月を要している。さらにはその間、2度の戦略転換を余儀なくされていた。

もともとは天理大学で藤井主計に学んだランニングラグビーを唱えた大西先生だったが、関西大学Aリーグではその戦いで成果が挙げられなかった。天理大学が高校ラグビーの名門でもある付属校から才能を引き上げられた一方、京都産業大学は当時1桁台だったスポーツ推薦枠内でも求める選手が取れなかったのだ。バックグラウンドの違いが、基本戦略の遂行度合いを変えていた。

藤井との与えられた環境の違いに気づいた大西先生は、就任3年目（1975年）にフォワードを中心にしたランニングラグビーにマイナーチェンジ。後天的に鍛えやすいとされるフォワードの運動量で相手を上回り、ライバル校の強力なバックスを無力化しようとしたのだ。ただし一歩引いて考えてみれば、バックス主体のランニングラグビーをフォワード主体でおこなうのは矛盾しているように映る。「ランニングラグビーをするのに必要な選手が集まりにくい」という環境を前にしても、当時の大西先生は天理大学時代の成功体験が忘れられなかったのだ。

1976年度以降の成績は4、8、7位と低迷。当時の猛練習は実を結ばなかった。そしてそのさなかの1978年度、京都大学戦でスクラムを押し込まれて完敗。さらに1980年度の大学選手権の関西第3代表決定戦で、中京大学にもスクラムを押された。

スクラムなくして上位進出はできない。ここでそう悟ったことで、大西先生はいまにつながるスタイルを打ち出すに至った。京都産業大学のお家芸は、試行錯誤の産物だったのだ。

今回のインタビューで大西先生は言った。

「チームに合った戦略に到達するためには、（8年間は）どうしても必要な時間だった」

以後の京都産業大学では、「スクラム中心のセットピースラグビー」という戦略上のルーティーンが組織的な記憶として機能。4年経てばすべての選手が入れ替わる大学ラグビー界にあって、安定的なバトンタッチができるようになった。高校時代に日の目を見なかった選手が必死の猛練習でスクラムの軸になったという例は、いまなお起こり続けている。

そう。戦略的適合を一定レベルに昇華すれば、今度はその戦略的適合が原因となってタレントが出現しやすくなると言える。そのタレントが京都産業大学の戦略的適合（スクラムの指導スキルやノウハウ、スクラムに絶対的な価値を置く組織文化など）をさらに高質化させる。この正のスパイラルが試合での勝利、成績の向上を支える。

1985年度 全国大学ラグビーフットボール選手権大会
京都産業大学×日本体育大学

1980年度のシーズン末に戦略的適合を達成した京都産業大学は、1982年度に関西大学Aリーグ3位で大学選手権に初出場。続く1983年度には同2位で大学選手権4強入りした。さらに1984年度は関西3位で、1985年度は同2位でかつ全国4強。以後も安定的に関西3位以内に食い込み、1990年度には関西制覇を果たすのだった。

7　新興校強化のメカニズム

「スクラム中心のセットピースラグビー」という戦略的適合を叶えてきた京都産業大学ラグビー部の積み重ねは、有望な選手の獲得の下支えにもなり得る。

戦略的適合により成績を上げたことで、高校生の京都産業大学への注目度は上昇。初期の大西先生が欲してきたランニングラグビー向きのバックスも、かえって入りやすくなったと言える。その隊列に加わるのが1994年入学の大畑大介さんであり、2010年入学の山下楽平だ。かたや日本代表のエースとなり、かたや2014年の国内トップリーグでトライ王となった。このような才能とスピードのあるフィニッシャーたちは、仮に戦略的適合が見られないシーズン（スクラムがさほど強力ではない）であってもその個人技でチームに好影響を与えたはずだ。

チームの成績向上により、それを引っ張る重量級監督は学内での信頼度を高められる。そうなれば選手獲得や環境整備に関する公式、非公式のリクエストは従来以上に通りやすくなる。大西先生は明確に自らの交渉力を使った記憶はないと言うが、重量級監督を擁する新興強豪校に「長期政権→資源の蓄積（↑↓戦略的適合）→成績の向上→長期政権」という正の大スパイラルがあるのは間違いなさそうだ。

さて次章では、本章で一部引用した坂田氏、春口氏、木村監督のインタビューを一部編集したうえでご紹介したい。いずれも修士論文のための調査として伺ったお話だが、私自身のマネジメント、コーチングに関する考えを整理する意味でも、日本ラグビー史を振り返る意味でもありがたかった。

これから人を束ねたり、人に何かを教えたりする読者の方にも気づきを与えられるインタビューのはずだ。貴重なお時間を割いていただいたお三方には、この場を借りてお礼申し上げたい。

第5章 重量級監督インタビュー

1 「世界のウィング」から「心で見る指導者」へ

関西の重量級監督で思いつくのが、大阪体育大学の専任教員でもあった坂田好弘先生だ。

現役時代は日本代表ウィングとしてラグビー王国ニュージーランドでも高く評価された坂田先生は、引退から2年後の1977年に専任講師として大阪体育大学に赴任。関西大学Aリーグに所属していた同校ラグビー部監督となった。

就任9年目の1985年には同リーグで初優勝し、その後の10年間で2位以上が4回でそのすべてが優勝である。大学選手権でも4強入り2回。指揮官としてのラストシーズンとなった2012年には、東洋人として初のラグビー殿堂入り。現在は同部のエグゼクティブ・アドバイザーをしながら、関西ラグビー協会の会長としてもスポンサーの獲得や関西学生代表のニュージーランド遠征実施など、ポジティブな企画で組織をドライブしている。関西大学Aリーグの開幕前会見を京都の下賀茂神社でおこなっているのも、坂田会長のアイデアによるものだ。

京都産業大学の大西先生とは、長年のライバル関係にあった。お互いが監督だった頃は試合会場ですれ違っても見向きもしなかったようで、大西先生曰く、坂田先生は華々しい経歴の持ち主だから、自分のことは何者なのだという目で見ていたと思う、とのことだ。バックス出身ながらフォワード主体のチーム作りをされているところも、お二人に共通する。

お二人はいま、とても仲がいい。よく連絡も取り合っているようで、2019年の関西学生選抜のニュージーランド遠征でも、監督は大西先生が務めた。もともと行くつもりのなかった大西先生に対し、関西協会の坂田先生が「今年はぜひ、監督として遠征に行きましょう」と熱く誘われたようだ。

私が坂田先生にお話を伺ったのは2017年2月。ひとつのチームを長く指導し続ける大変さ、人間性を重視する指導哲学に触れることができた。

——坂田先生の書かれた『心で見る』（ベースボール・マガジン社）を読んできました。内容は重複するかもしれませんが、確認も兼ねながら伺っていきます。まず所属先だった近鉄で現役引退後、大阪体育大学の監督になられるまで2年ほどブランクがあります。この時はどこかでコーチなどをされていたのですか？

坂田　してない。仕事のみ。当時は社会人で10年目。この時で10年目といったら、近鉄でいえば係長とか、早い人なら課長くらいになるんだけど、僕はラグビーにウェイトを置いてやってきたものだから、仕事の部分では結構、遅れていたんです。それで、難しい仕事を与えてもらってもできない。引退後から辞める前の間は、近鉄不動産の開発局に配属されていました。沿線を開発する不動産部門で、土地の買収から何から、色んなことをやって、その土地を別の会社に売る。ものすごい大きなお金を扱うところなので、それは大変に難しかったね。正直、この仕事向かないわぁ……と思っていたところ、大阪体育大学から指導者として来ないかという話があったんです。

――なぜ大阪体育大学だったんですか？　人の縁があったんですか？

坂田　毎日新聞社のスポーツ記者やった人が、大阪体育大学の先生をされていた。その人が色んな知り合いに（ラグビー部の指導者を探すために）相談していたみたい。その先生が最初に僕へ声をかけたのは、ちょうど選手を辞める時だった。「ちょうど坂田が近鉄を辞めるぞ」という情報を持って、うちに話をしに来はったんです。

その時、僕は言いました。

「ダメです。現役を辞めてすぐに世話になった近鉄を出ていくなんて、失礼です。ラグビー辞めますから他のところに行きますなんて、そんなのは絶対におかしい」

でもその方は、現役を辞めて2年目にもう1回、僕のところに来たわけ。

当時は京都駅に近鉄不動産の営業所ができて、そこへ――たぶん、これは会社の配慮やと思うけど――営業所長として行けと言われていました。その時はちょうど不動産に向かないなぁと思い始めた頃だったので、話を聞いてみようと思いました。まぁ、話といってもそんなに詳しい話なんてしてなかったですよ。「大阪体育大学の指導者がいない。来てもらえないですか」ということで、それに対してこっちも「行きます、お世話になります」とだけ言った。「毎年、大学はどれだけラグビー部の選手を入学させますか。グラウンドはありますか。給料はいくらですか」といったことは一切、聞かなかったです。

そうしたら、今度は大阪体育大学側での受け入れ態勢ができてなかった。それでその後、大学の方で調整をしてもらって、次の年から僕が講師として大学へ入れることになって、先生のスタート。最初に話をもらってから3年目です。

学校では最初は「まず授業を持ちなさい」というところから始まって、スポーツ英語とか、ラグビーの実技を教えました。そのほかにもゼミも持って、4つか5つくらいの授業担当としてスタート。ただ指導者といっても素人や。何も教える準備なんかなかった。

――毎日新聞の記者さんが坂田さんを呼んだわけですが、大阪体育大学側にはスポーツを強化しようという目的は特にはなかったんですか？

坂田　特にはなかった。ただ、前からずっと専門の指導者が先生としておられた男女のハンドボール部、バスケットボール部が強かったね。一方、ラグビー部には本格的な指導者がいなかった。初代の監督をされていたのが恐ろしいことで有名な先生で、選手は半ば死にそうやった。その次の先生もちょっと（ラグビーを）教えられたみたいだけど、ほとんど名前だけの方。それでラグビーの専門家を入れようということになって、毎日新聞の人が大学の理事の人たち、経営者、学校の先生たちのなかで調整をしてくれて、最終的に僕が入れるようになったんです。前の監督は僕もよく知っている人だったから、そのあたりの推薦もあったんだと思う。

――ちなみに就任当初、どんな目標を掲げていましたか？

坂田　まずは関西で優勝。最初、みんなを集めてこれを言った時はポカーンとされたね。そりゃそうやわ。雨が降ったら練習を休んで、今日はいい天気やってなったらソフトボールするようなチームやで？

「練習は昼からやるぞ」って言ったら、「そんな時間はないし、やれません」ってなる。

——昼からの練習は「やれません」。学校の授業との兼ね合いからそう答えられたようですね。こちら、後で詳しく聞かせてください。監督に就任した時、選手数はだいたいどれくらいでしたか？

坂田　最初で50人くらいかな。そこから毎年15人ずつくらい入り始めて、だいたい60人くらいになって、時間が経ったらその新入部員数が20人になって、30人になって、総部員数も5年目には100人を超えるくらいになった。

——それを坂田先生ひとりで見られていたわけですよね？

坂田　ひとりやね。トレーナーなんて知らないし。テーピングなんて巻かない。

——選手が怪我をした場合は？

坂田　走って治せと言ってた。選手も走ったら治るんやって信じてたからね。なぜそれが言えたかというと、自分もそう指導されてきたし、本当に少々の怪我は走って治していた。「走ったら治る」には確信があった。

教え始めて3年目くらいの時、ゴールラインからゴールラインまでうさぎ跳びといった、いま振り返ったらひどい練習をしていたの。さすがに選手も反乱を起こして、練習前に集団の上級生が「今日は練習やりたくない」って言いに来たもの。足が痛い、腰が痛いって言い始める。

10～15人くらいが練習できませんと言ってきたので、僕も近鉄時代に知っている医者へ連れて行って診せたの。そうしたらその先生が「坂田、3人だけ休ませて。他は全部嘘や」。僕はそれを聞いてまた選手に練習させるんだけど、まぁ、スパルタを超えていたね。

――前任の方々が作ったチームの文化や雰囲気はありましたか？

坂田　ないない。全然ない。選手も経験者が多いわけではないし、ラグビーの有名な高校の出身者とか、全国大会に出た子なんていったらほとんどいない。ただそれでも、関西のAリーグにいたんやで。

――それがすごいですね。

坂田　体育大学には、運動能力が優れた子が多かった。ラグビーの経験はない、他種目から来たって子たちが（練習次第で第一線で）やれる体制があった。それは他の大学と違うところでした。

――大阪体育大学といえば、大型フォワードを前面に出した真っ向勝負のラグビーが伝統です。これを打ち出すに至った理由は何ですか？　坂田先生はもともと日本代表のウィングだし、世界で貴重な経験をしている。だからバックス主体のチームを作ってもおかしくないと思ったのですが。

坂田　簡単。フォワードがボールを獲れないと、ウィングまでボールが回って来ないから。

フォワードが頑張ってくれて、初めてバックスが活きる。どんなにいいバックスラインを持っていたって、フォワードがやられたらバックスが上手にならへん。逆に、下手なバックスもフォワードが強かったら一緒にやるうちに上手になってくる。たくさんボールを持つ機会ができるからね。特にウィングというのは、ボールをフォワードが勝った後にもらうのと負けた後にもらうのとでは、（その後のプレーが）全然、違うのでね。それで、（フォワードを重視すべきと）本能的に思ってたんやろうね。

それと、もうひとつ。当時の大阪体育大学は、高校生でバックスのいい選手を見つけるのが難しかった。僕が自分の目で見て「すごいなぁ」と思った優秀なバックスは、みんな他の大学に行くんです。だから選手を探す時は、フォワードの身体の大きい選手を見ました。当時、大阪でラグビー登録している高校って１００校は超えていたと思うんだけど、そのメンバー表を集めると（親指と人差し指の幅を広げて）こーんなに、ぶ厚い。それをめくっていって、高校の有名、無名に関係なく大きな選手、背の高い選手を洗い出していって。それぞれに「受験しないか」って言いに行く。だから現役選手には、大阪の公立高校の出身者が非常に多かった。全国大会に出ている選手は数えるくらいしかいない。高校ジャパンになった高校生で大阪体育大学に来たのは、自分が36年間教えていて、10人くらいしかいないのと違うか。

――そのフォワードの選手の指導も、坂田先生がされていたんですか？

坂田　僕ひとりやもん。それに最初の5～6年は、現役に負けないくらい走れたからね。だから一緒に走ったり、ウエイトトレーニングをしたり。

そう。大阪体育大学へ行って一番、最初にやったことは、バーベル作りや。鉄棒を買ってきて、セメントで重りをつけて。自家製やね。

――ウエイトトレーニングの指導も……。

坂田　全部ひとり。誰もいいひんもん。まだ当時は、一緒にやったって学生に負けないからね。一緒にやれるから。

――それにしても、関西のチームにとって難しいのが優秀な選手の獲得です。

坂田　大学側が「本当に日本一になろう、そのために選手を獲ろう」という体制だったらいいけど、色々制約があってね。全国大会経験者が来るにしても、主力はほとんど来なかった。あとは一般の受験生が合格して、ラグビーしたいですと集まってくれるのが5～10名入るくらい。

当時、大阪体育大学は茨木にあった。浪商高校が先にできていたところに建っていました。だから僕が大学へ行った頃は、ラグビーのできるグラウンドを高校が使わせてくれなかったわけ。「お前らが後から来たんやろ」ということ。

そこで練習場として与えられたのは、大学から走って10分くらいのところにある淀川の河川敷や。さらに大阪体育大学って、授業が4時まできっちりあるわけ。僕がいた頃の同志社大学なんて昼から練習したこともあったし、体育大学だったら同じようにできるやろうと思ったら大違い。授業を終えて河川敷まで走って練習をするんだから、冬なんて開始30分で真っ暗や。照明もついてないから、中古車を1台買ってきて、ライトを灯して練習していたわ。

——なかなか大変な環境ですね。選手集めではより苦しみそうです。

坂田　その河川敷のグラウンドは、雨が降ったら使えない。グラウンドもない、授業は忙しい。初めて大学選手権に出たのは、5年目だったかな。2年目も関西で3位に入ったんやけど、その時のルールでは大学選手権に出られる関西のチームは上位2つまでやった。

——ラグビー部で選手を入学させられる枠は、どれくらいありましたか?

坂田　僕が入った時は12名くらいやったかな。それから指定強化クラブになった時に15名に増えたけど、長くは12名。その12名の多くは「一応入試は受けるけど、競技歴も審査します」という形。高校のどの大会に出たか、国体に出たかをいちいち審査する。他には「個人的優秀者」という形もあって、実績がなくとも「体重が120キロあります」「身長180センチあります」といった子が、将来性重視で入って来られる。

――坂田先生のネームバリューのおかげで入学者が増える傾向はありませんでしたか？

坂田　それで受験したっていう人はいたけど、受けても入れるかわからないので。何名かはラグビーの枠があるけど、さっき言ったようにそれにもいくつか制約、条件がある。条件に適う上に坂田のところでやりたいという選手がいたら、すぐに会いに行って勧誘したよ。ただそういう選手は他の大学からも勧誘されていて、最後はもっと名の通った大学に行ってしまう。だから僕、そこまで選手の勧誘には熱心じゃなかったね。来てもらう選手だけでやろうやないかと。多くの受験生に入ってもらうことを考えたね。

――無印の選手を鍛えて強くする。

坂田　鍛えたい。その思いは、辞めるまでずっと持っていたよね。そう言えば１９７０年代後半、浪商高校は野球が強かったでしょう。どでかいキャッチャーがいたわ。体育大学と同じ敷地内の高校を歩いているところへ、「そんなでっかい身体で何してるの？」って聞いたら、「野球」って。名前は香川なんとか（伸行）という。漫画『ドカベン』のモデルの子ね。そら、「こんな身体してるのやったらラグビーせえよ」って言ったよ。ところが夏合宿中にテレビを見ていたら、そのドカベンが甲子園でホームラン打っとった。

他にもいろんな子に声かけたよ。高校の陸上部の子、大学の陸上部へ上がった子、レスリングの子の練習を見て、足が速そうで身体がでかい子を引っ張ろうとした。当時は京都の高校の陸上選手権へ出かけて行って、投てきの子に声をかけたり、高校の先生と話したりしたこともある。

――それで入部希望者は増えましたか？

坂田　あまりようは入らなかったけど、何名かは成功したね。当時から。ラグビーが上手いかどうかより、（身体）能力が高いかどうかで人を見た方がいいって考えた。自分もラグビーを覚える時は「ボールを持ったら走れ、タックルせえ」ってだけ。そんな難しいことじゃない。それに大学は入ってから4年もある。それだけ時間があったら、もともとできあがっていた選手よりも他種目の選手で運動能力のある選手の方がよくなる。この感じ、京都産業大学もよく似ているね。

――大西先生も同じようなことを言っていました。リクルート活動はそんなに頑張らなくて、来てくれる子を鍛えて伸ばせると。

坂田　絶対そうやったと思う。獲れる枠数は京都産業大学と大阪体育大学とで違ったかもしれないけど、タイプ、鍛え方は似ていたと思うわ。

――話を戻せば、坂田先生率いる大阪体育大学が初めて大学選手権に出たのは就任5年目。この時、転機があったようですね。

坂田　5年目はまだ元気。タックルは見本を示せるし、ランパスは一緒にできるし、少々きついことも押さえつけてやらせていた。僕もできるんやから、お前たちもできるやろって。ただ力で教え込んでも、そんなにチームは強くならない。

転機は、長居陸上競技場であった関西大学Aリーグの試合で起きた。

大阪体育大学のプロップの選手が、衝突して頭から血を出して倒れてな。いまだったらちょっと見て交代なり治療なりするけど、この時の僕はそのグラウンドに倒れた選手を見て、「放り出せ！」って言うた。

　そうしたら、会場にいた記者が怒ったよ。

「坂田！　いま何て言うた?!　放り出せとは何や!!」

　って。

　この記者は読売新聞の伊勢武夫さんというて、高校、大学、近鉄と坂田をずっと取材してきた。僕が大阪体育大学へ行ってからも「こいつどんな指導すんねやろ」って見ていたんや。確か、その試合も記者席じゃなしにベンチで観ていたんじゃなかったかな、僕の横で。

「放り出せとは何や!!」

　そう言われたら「こんなもん当たり前や」って返したけど、今度は
「何でお前が飛び出して見に行ってやらへんのや！」

　って。

　それまでは僕、選手を言う通りに動かそうとしていたんや。右なら右、左なら左に走れって言ったら、選手は走る。それで倒れた奴も放り出すのが当たり前だと思ったら、伊勢という記者が怒った。

「何しとんねん！　お前のところの選手やろ！」

　そこから、あくまでやるのは選手なんやと悟った。

　痛がってるのは選手で、その時、指導者は痛くない。指導者は試合中に頭、打たへんもん。それがわかってからは、やり方を考えなあかんと思った。言葉遣いも変わった。「やれ」と言ってたのは「やろう」に、「行け」は「行こう」。命令口調がなくなった。

この年はもうひとつ、出会いがあった。比叡山延暦寺、覚性律庵の光永澄道大河闍梨さんと話をする機会があった。

大修行されたお寺のいっぱしの主人やったその方は、新しくお寺を建てるとなった時に「坂田さん、私、掃除の仕方を忘れました。時々、掃除は（自分で）せなあきませんね」って仰る。最初は「何の話やろうな」と思ったけど、この時はちょうど選手の気持ちがわからん時やったから、「監督の立場になったら、選手の立場はなかなかわからん」という話やと直感した。

お坊さんも偉くなってしまうと、掃除はぜーんぶ弟子たちがしてしまう。ここでいざ自分が掃除をしてみたら初めて、見た目がきれいなようでも丁寧に掃除できていないところに気づく。

だから、現場に入らなあかん。

お前も、選手に口だけで指示するのではあかんということを、雰囲気で言われたんや。

伊勢記者に「放り出せとは何や！」と言われたのと同じことや。

初心に立ち返れ、選手時代の気持ちに立ち返れって。

やっぱり、選手やで。

それまで押さえつけられてやらされているチームが、自分たちでやり始めたチームになった。6年目、7年目、8年目、9年目となって、同志社大学をやっつけるチームができた。

――就任8年目の1984年からは、グラウンド練習を週3回にして、ウェイトトレーニングだけの日も作られているようです。この流れを日本で実施した方は、当時珍しかった。ニュージーランド時代の経験を踏まえられたのでしょうか？

坂田　ニュージーランドに行ったこと（経験を思い出したこと）の他に、僕が「毎日練習して、ラグビーの練習になるんかな」と思ったのがきっかけです。初めて1日おきの練習にする時はやっぱり不安だったので、春のシーズンに試してみた。それが春の練習試合で、ものすごく激しいラグビーができるわけ。「週に3日のグラウンド練習で、十分いけるん違うか」と、秋のシーズンに入ってもそれを続けたんです。「毎日グラウンドでやるのはやめよう。その代わり、徹底してウェイトトレーニングやろう」となった。

――ここから、世に言う「ヘラクレス軍団（筋肉の鎧をまとったチームの愛称）」ができてゆくのですね。そして就任9年目の1985年には、同志社大学に勝利します。

坂田　それまでの大阪体育大学って、同志社大学戦にフォーカスして、そこで力を使い過ぎてその次の試合で負けているねん。だから9年目は、「同志社大学戦は負けてもいい。その代わり他には全部勝とうやないか。それでも大学選手権には行ける」と言った。ちょうどスタンドオフとセンターの主力選手が怪我していて、試合の組み立てもうまくいかないと思って。

そんなことを言ったら、逆に選手が怒ってなぁ。「勝たなあきません！」って。こっちも「そうか、そうしたら勝つか！」となった。

作戦は明確にふたつ。

ボールを持ったら蹴る。

そしてタックル。

アップ&アンダーや。それを指示したのが水曜日やったけど、その日は怪我をしていた2人も「どうしても試合に出ます」と言ってきた。

それから木、金曜日で練習して、土曜日も軽く動いて、日曜日にはいよいよ試合。滋賀県の希望ヶ丘競技場（希望ヶ丘文化公園陸上競技場）という場所やった。

この時の同志社大学は関西大学Aリーグでは負け知らず。大学選手権も3連覇中やった。もう、ほとんどの人たちが同志社大学の勝利を予想していた。

その試合のウォーミングアップで衝撃的なことがあって。

先発する2年生のフランカーの選手が、1年生部員にカメラを持たせて、グラウンドで写真を撮っている。

「試合前に気が散ることをするな！」

と叱ったら、その選手はこう答えたんです。

「いや、今日の試合で死ぬかもわからんので、形見の写真を撮ってもらっているんです」

僕もジャパンとして長いこと偉そうにやってきて「死ぬ気でやれ！」「死ぬ気で戦う」とはよう言うたもの。でも、「それだけ覚悟して戦ったことあるんかな」「グラウンドに倒れてもいいと思ったことあるんかな」って思い返したな。実際、グラウンドで死んでもいいとは思わなかったかな。

それに、その学生は大学2年生やで？　ショックやったね。僕はびっくりして、ウォーミングアップをみるのをやめた。彼らはもう覚悟している。そう思って、何も指示せずに送り出した。

終わってみたら、34—8で勝利や。

——気持ちで勝ったんですね。

坂田　この日は関東の記者が、「関西のチームはどこが強いんやろう」って、同志社大学を中心に取材に来とった。そうしたら大阪体育大学が走って、パスを回して、ドロップゴールを決めて、スクラムからのサイドアタックでトライを決めて。「タックルだけや！」と言っていたチームが色んなことをしよった。

5年目から9年の間に、そこにいる選手たちを人間として認め始めたとも言えるかな。ロボットやったら、絶対に試合前に写真なんか撮らへんて。人間やから、自分の心で、自分で、写真を撮った。そこに気づいてからは、それから1年おきに関西で優勝してるわ。その時は指導者としても非常にいい時代やったね。気持ちも充実している。選手たちのつながりもうまくいき始めて。

――9年目に就任当初の目標だった関西優勝を果たされました。その後、目標を上方修正することはありましたか？

坂田　その辺の時代、もっと欲を出して高校生に「うちに来てくれないか、奨学金もつけますよ」なんていう話を積極的にしていったら、日本一になるチャンスが来たかもわからん。その時にもっと強くなったら、その時の子の後輩がまた大阪体育大学を頼ってきてくれたやろう。

でも、その時も選手勧誘なんて回らんかったね。そういうところのマネジメントはほとんどせず、いままで通りでええんやないか、って。そんななか、素質のいい選手が揃った時は勝っていった流れや。大阪体育大学は、「素質がいい子が集まったから4年後には勝つぞ」といったものが見えやすかったね。

――素質のある新入生に対して、「4年後に日本一を目指す」と言われることはありますか？

坂田　あまりそういうのは言わないね。1989年は、ちょうどグラウンドが茨木の河川敷から熊取に移った。ここはキャンパス内のグラウンドで、ナイター設備もある。最初に見に行った時、グラウンドの土手から見えた海がめちゃめちゃ綺麗やったのを覚えている。ちょうど夕日が沈む頃でね、真っ赤に染まって。この時は高橋一彰がキャプテンで、きっとこれは日本一になるなと思ったで。彼らの代が入った頃から、彼らの4年目は絶対に強くなることもわかっていた。たぶん、日本一を狙うチームでは、そういうのが毎年繰り返されているわけや。

——長く続けていると、いい時ばかりではない。

坂田　負け始めたら、もう、「大学選手権に行けているくらいでいいやろ」と、本当に勝ってやろうとは思わなかった。この時の学生には非常に悪いかもわからんけど、そういう時代もあったね。だって指導者として疲れ始めたから。本来は疲れた時にコーチがいたら、そのコーチが出てくれる。でも僕、ずっとひとりでやってきたから、監督が疲れていたらチーム全体が疲れた。逆に、監督が元気な頃はチームも元気やった。いま振り返ればそう感じるね。

——長い間指導した。そのことがチームに与えるいい面、悪い面はありましたか?

坂田　指導者のエネルギーによって、その時々の選手が指導者から得られるエネルギーが違う。さっきちょうど、50代の頃に指導していた学生から電話がかかってきました。

彼はいつも言うてますわ。

「先生、僕らの時は土手の上で練習を見ていたから、何も教えてもろうてへんです」

指導者が長期間エネルギーを持ち続けようと思ったら、それは難しいです。指導者というのは、基本的には長くやるものではないと思います。長く続けるなら、監督のエネルギーがなくなってくる時にサポートするコーチが必要。大西先生は40年以上もやっていますけど、それは本当にすごい。

60歳を過ぎてから、大学から半年、サバティカルという形で休暇をくれました。ニュージーランド行って、コーチの勉強をした。最初は講習会について行って学んだんやけど、1～2カ月くらい経ったら「坂田、もういいぞと。講習は終わった。お前が教えに行け」と言われて。

きっとニュージーランドのある程度のチームを教えろと言っているんやろうと思ったら、行先は小学校でした。60歳過ぎのおっちゃんが、小学生を教えに行けということです。

子どもたちは15人くらいですわ。それも初めてラグビーをやる8～9歳の子たちです。「ラグビーはこうしてやるねんで」なんて言っても、子どもたちは一切聞きませんわ。ボールを持ったら勝手に蹴るし、パスを教えてもその通りには投げない。これはどないしたもんやと思って、もうええわ、教えんとこう、その代わり、一緒にやろうってなりました。遊びですわ。ボールは前に放ろうと後ろに放ろうとOK。それを何回かやって子どもたちがだんだんラグビーをわかってきたら、2つのチームに分けてゲームをしてみた。子どもたちは「坂田について行ったらボールをもらえるぞ」と、ボールを持った僕についてきて、ボールをもらって走っていく。そうしたら、他の子が「ボールを持っている奴を捕まえてもいいか」って言うから、「ええよ。ほんならおっちゃんもボール持った子を捕まえに行くけど」って。

結局、教えられてやるより、一緒にやるのが一番という結論です。それで思い出したのが、もっと若い時に行ったニュージーランドの講習会でコーチからもらったメモです。英語で3文ですわ。

「Tell me and I will forget, show me and I may remember; involve me and I will understand.」。話したり、見せたりするだけでは相手は理解できない。すぐに忘れてしまう。でも、一緒にやったら

そのことを理解できる。小学校で教えている時も、ああせい、こうせいって言わない代わりに一緒にやったら初めて彼らが理解した。

大阪体育大学に帰ると、練習を土手から見ていたのをもう1度グラウンドに降りて見るようにした。身体は動かないけど、練習に一緒に参加するという感覚です。それでチームは変わりました。

――それが、2006年度の関西優勝と全国4強入りにつながるのですね。

坂田　そう。

――留学は大事だったんですね。

坂田　子どもを教えたのは大きかったですよ。これは大人でも一緒です。口で言うてたらダメです。仕事も一緒にやったらすぐに覚えます。理解します。

――部員の就職についてはいかがですか？　人によってはラグビーのプレーの質で就職できる。一方、そのレベルに満たない選手の就職支援はされていましたか？

坂田　僕が大学に行ったばかりの時は、真剣にやったね。大阪体育大学では体育の先生を志望する者が多かったけど、一般企業もええぞと伝えました。指導は結構しやすかったね。企業も取ってくれる。ひとつ気が楽だったのは、一般企業の試験に失敗した子も、非常勤講師を何年かやりながら教員採用試験を受けて採用されていたんです。

――教員志望者の気質はどうでしたか？

坂田　将来、指導者になるような子は、そういう雰囲気があるね。選手としては難しくても教えるのはええやろうね、という子はいる。それと思うのは、周りが手に負えんような子の方がいい先生になっているね。それは、その子がやんちゃの心を知っとるからや。学問だけで先生になったエリートには、そんな気持ちはわからへん。

――指導についてもさらに聞きたいです。坂田先生は本で「私は大西鐵之祐さん（元日本代表監督）のような勝負師ではなかった。ただ、指導哲学というようなものがあるとすれば、それは選手に胸を張れる生き方をして欲しかった」といった内容を書かれています。

坂田　グラウンドに出てよく使った言葉は better than before。1日が始まる前と終わった後で、変わったことがあったか。いい変化をつけるには、きちっとした練習をせなあかん。まず指導者がきちんとした練習を教えてあげる。きちんとした練習とは、いい形を繰り返しやっていく練習。それをチェックしてやるのが指導者。悪い形を悪いフォームを何十回何百回やって悪いフォームが身についたら、それは通用しないよって。

そのうえで僕が選手に言ったのは、「尊敬される選手になろう」ということ。尊敬される選手とは、信頼される選手や。信頼される選手とは、何事においてもベストを尽くす選手。ラグビー選手としてはもちろん、学生としても授業でベストを尽くしていますか？　生活でちゃんとベストを尽くしていますか？　って。何事においても常に最善を尽くす選手は、信頼されます。

それがわかれば、選手が人として変わってくる。ニュージーランド遠征へ行く関西学生代表についても、僕はメンバー選びには一切タッチしていないけど、セレクターには「プレーだけじゃない。人としてちゃんとできる選手を選んだよね」って確認する。セレクターもきついと思いますよ、そう言われたら。でも、代表チームはそういうものです。

ええ先生も同じですわ。尊敬される先生。信頼される先生は何事も一生懸命やる先生。これは大きいと思いますね。

――勝利を目指すよりも、人間性を見つめて指導してきた。

坂田　試合に出る子なんてたかが数名ですよ。試合に出る選手によく言ったのは、「自分たちはこの大勢のなかから選ばれている。同じポジションの者に恥じない自分か？　自分がジャージーを着て大丈夫か？　選ばれなかった選手よりも、何事においても全力を尽くしているか？」です。試合に出てない人は出ている人を見ているんです。それで、「あんな適当な奴だったら私の方が出ますよ」ってなる。ここで指導者がよく見ているとやっと「監督、見る目あるなぁ」となる。僕も最初からこう考えていたわけではなくて、年齢とともに人の選び方、指導の仕方もずいぶん変わってくる。

選手を見る時、僕はようジョギングしてた。1番、2番、3番……と、ずっと名前を浮かべながら走っていく。そこでぱっぱっぱっとはまっていくポジションがある一方、どうしようか迷うポジション、似た実力の選手が重なるポジションもある。そんな時は試合発表前日まで、そのボーダーライン上の選手を必死で見ていた。あとは勘やね。こっちの方がフィットしているとか、次の試合に合うといった感じでポンと当てはめる。それがぴったりと決まった時は、選手が監督を信用する。よく見ることは絶対に大事です。

大西先生も一緒やと思うけど、選手を見ていたら生活までわかってくる。ちゃんとした生活をしとるか。グラウンドでラグビーだけしとる奴なのか。それは、ずっと見ている。土手の上から選手を見ていた時代も全体の雰囲気はわかるけど、選手ひとりを知るにはグラウンドの下でじっと見るしかない。そうすればすぐにいい点、悪い点を見つけて声をかけられるし、選手も監督を見る。大きなミスを犯した時に監督が何も言わないとしたら、選手は「何やねん」となる。

50ぐらいから10年くらい土手の上から練習を見ていた。その時は間違いなく弱かった。グラウンドに降り始めてからまた強くなっていった。グラウンドレベルで低い小さな椅子に座って、ゴールポストの前に置いて、そこに座ってずっと見る。雨や雪が降ったって絶対に傘はささないね。

――私はマネジメントを専攻しているので、伺います。先生はラグビー部の監督にマネジメント能力は重要だと思われますか?

坂田　必要です。マネジメント能力を持ってない監督にコーチがついていくと、コーチ主導であったり、分析主導になってしまったりする。バラバラになる。同時に、ひとりですべてをやるのは難しい。自分の力を教える方に突出させて注ぐか、選手集めに突出させて注ぐかというところで、その両方をひとりでやるのは限界がある。指導のところでも、自分に足らないところがあればコーチに補正してもらわなければいけない。

――最後の質問です。京都産業大学と大阪体育大学は、似たような時期に実力が肉薄している印象です。監督時代、京都産業大学にはどんな印象を持っていましたか?

坂田　大西先生にとっては、打倒タイダイ（大阪体育大学）ちゃうねん。打倒坂田なんや。だから僕が監督していた時はお互いに試合会場でも監督同士は絶対に喋らないし、目も合わせない!　もう強烈やったで。命がけ。でも、そんなもんやで。真剣勝負ではニャニャせえへんて。

――京都産業大学が強くなったため、大阪体育大学が強くなったという側面もありましたか?

坂田　それはあるで。お互いにちょっとの差で勝ったり負けたり。キョウサンとの試合はきつい。本当にきつい。難しいことはせんけど、お互いやりあいするので。その関係がまだ続いているというのはすごいよね。大西先生がこの40数年、ぶれずに指導法を貫いているのもすごい。それに選手たちは、卒業したらみんな当時の教えが役立っているって言うとる。

試合は、指導者と指導者の戦いでもあるわけや。お互い努力するわけ。でも、僕が監督を辞めてからは大西先生も「坂田はん、関西協会のことは何でも手伝いますよ」って言ってくれて。こういう出会い、本当にありがたいね。

2　勝つことに重きを置くわけ

2000年代有数の重量級監督には、関東学院大学の春口廣先生が挙げられる。

1974年に同大文学部の助手として赴任した春口先生は、当時関東大学リーグ戦3部に所属していたラグビー部をめきめきと強化する。就任17年目の1990年度に同1部初優勝。その後の10年間で2位以上が9回でそのうち優勝が4回と素晴らしい実績を残している。

大学選手権で初めて日本一となったのは1997年度。「早慶明」と呼ばれる伝統校の一角、明治大学を破っている。試合当日の朝は、試合に出られない控え部員が会場の旧国立競技場で雪かきを実施。前日に積もった大雪を芝からどかし、頂点に立った箕内拓郎キャプテン（後の日本代表キャプテン）は全部員と喜びを分かち合った。翌1998年度も明治大学を破り2連覇を達成。大学選手権では初めて決勝に出た1997年度以来、10年連続でファイナリストとなっている。

特にファンを楽しませたのが、早稲田大学とのライバル関係だろう。

2度目の2連覇を果たす2001年度以降の5シーズンは、現日本協会副会長の清宮克幸監督率いる名門と続けて決勝で激突。春口先生は2001、03年に頂点に立ち、2006年には清宮監督の退いた早稲田大学（中竹竜二監督率いる）を制して6度目の大学日本一に輝いた。

2007年には部員の不祥事を受けて監督を辞任してしまうが、2010年に同部部長になると翌2011年には大学選手権4強入りした。その間、多くの日本代表選手を輩出しており、前出の箕内氏、ワールドカップに4大会連続で出場した松田努さんが有名だ。最近では2019年のワールドカップ日本大会に出た稲垣啓太が目立つ。

ワールドカップ出場組では他に、2003、07年大会に出た山村亮、2011年ニュージーランド大会に出た北川俊澄は2019年になってからも現役生活を続ける。

現在はNPO法人「横濱ラグビーアカデミー」の理事長として子どもへの普及活動に携わる春口先生。私がお話を伺ったのは、坂田先生へインタビューしたのとほぼ同時期だ。ここでは私が第4章で示した学内での「交渉力」についても具体的な証言を与えてくださると同時に、誤解されがちな「勝利主義」に関する実感の伴った見解、各チームが均質化しているように映る日本ラグビー界への「伝統を作らなきゃ」という提言も聞くことができた。各種メディアなどで明かされている後の名選手の発掘秘話も、ご本人の証言で聞けばより興味が増す。

――春口先生が関東学院大学ラグビー部の監督になられたのは、日本体育大学（日体大）の恩師でもある綿井永寿先生の勧めがあったためですね？

春口　そう。日体大のつながりです。その頃は日体大ラグビー部の卒業生が高校の先生になって、花園（全国高校ラグビー大会）に行っていたの。そこで綿井先生は「高校ばかりじゃいけない」ってね。

――大学側は当時、ラグビー部の強化にそこまで熱心ではなかったんですよね？

春口　そう。全然。しかも当時は学生自治会というのが紛争をしていて、色々揉めていたの。横須賀にエンタープライズという空母が寄港するとかしないかとかで、キャンパスの周りは学生運動で賑やか。うちの武道系の連中が学生運動の連中と対立するの。角棒を持って、ヘルメット被って、「出撃！」とか言ってさ。角材の先からは五寸釘が出ていて、それで殴るんだよ!? 俺が「止めろー」と言ってる時に、石がぴゅっ、ぴゅっ、と飛び交って。それこそグラウンドも本当にひどかった。ラグビーボールもないし。前のラグビー部の先生は、それに嫌気がさして辞めちゃっていたんだ。

――春口先生が初めてグラウンドに出られた際のエピソードは有名です。選手を集めたら8人しかいなくて、きっと彼らはフォワードだと思って「バックスはどうした」と聞いたら「今日はこれで全部です」と返されたとか。

春口　それで、試合になれば15人揃うんですよって言うんだ。他の部員はどこにいるのかって聞いたら、「みんな待機してる」って。いるのは雀荘だよ。ちょうど学内で紛争があったものだから、授業はみんな休校で学内はロックアウト。そうなるとやることがなくなっちゃって、何人かはグラウンドへ出てきて、残りは麻雀しに行く。俺は雀荘へ選手を呼びに行ったよ。そうしたら「あんた誰？」みたいな感じ。「今度からラグビー部の監督になった春口だよ」と言っても「知らねえな」です。

俺もそれまで日体大でプレーしていたり、神奈川の神奈川県立向の岡工業高校に赴任して1年で優勝したりしていたから、ちょっと調子こいていて。それでも向こうから見ると「どこの小僧だ」って感じなのよ。小さいし。

――部員にはラグビー経験者もいたようですが、野球経験者を勧誘していたとも聞きます。

春口　うん。授業でね。当時はドラマの『スクール★ウォーズ』が知られていたから、「あのドラマ知ってるか？　あの監督（モデルとなった山口良治氏）、俺の大学の先輩なんだよ。でも、実際のラグビーはもっと違うんだよ」と、ラグビーのかっこいいことばかり話していって。俺も愛知学院高校の野球部に入りたくても「チビは話にならない」と入れなかった、野球の落ちこぼれだから。

――ジャージーを臙脂から濃紺とスカイブルーの段柄に変えたのも、春口先生です。

春口　皆、日体大と同じだって言うじゃない？　だけど本当はこれ、カーディフに憧れて作ったのよ。本物のカーディフは紺色より黒なのかな。それを濃紺にしたら、日体大と一緒だなっていう話になって。

――先生の大学での立場は講師だったんですか？

春口　文学部助手。ただ講師、助教授、教授と上がるなかで全部いい先輩がついてくれるわけ。だから、何の苦労もなく俺は教授になっちゃった。

大学の体育部連合会（体連）は野球、柔道、剣道が牛耳っていたんだけど、人数が少ないラグビー部にも体連に役員を出せって言ってくるわけ。しょうがないから出してみたら、武道系だからと学生服を着させられて、押忍って言わされる。それでももらえる予算は10万円以下だから、俺は「そんなところへは行かなくていい。ラグビー部はラグビー部だけでやろう」と言ったの。

そんななかでも学内でスポーツ推薦を作れるようにしたかった。そのためには新聞に載るしかないというので、全国地区対抗に出ることにした。規約を読んだら、地区対抗の予選に出る資格は有料試合をしていないことだった。

――学内の教授会との関係性がチーム強化につながったことはありますか?

春口　懇親会のような場で教授と雑談しているなかで「絶対に強くしますよ」ってこっちは言うわけじゃん。向こうは「頑張れよ」って感じで返すものだから、こっちはさらに「今度、勝ったら海外遠征に行きたいんです。ニュージーランドに行けたら勉強になる」と契約書を交わすわけでもなく言う。

スポーツ推薦の交渉は、俺ひとりでやった。でも、なかなか文学部は大変だった。どうやら経済学部の方が話しやすいとわかって、経済学部の教授会へも働きかけた。「文学部の助手が何しに来たの」っていう感じだったけど、当時の経済学部の中堅の先生たちが「何かしなくちゃ」と燃えてくれたの。最終的に俺、経済学部の教授になったからね。燃えてくれた先生のひとりは、俺が教授になった時の学部長です。

――やがて文学部や工学部にもスポーツ推薦を確保できるようになります。

春口　当時は夜間の学部があった。ラグビー部は人数を増やせた分、それぞれの学部が違うから練習で集まるのが難しくなった。だから、朝練習を始めたんだったな。朝だけは皆が一緒になれる。

俺はAチーム、Bチーム、Cチームという区別をしたくなかった。日体大がそうだったから。皆で同じ練習をやって、そのなかで一番いい奴が試合に出る。上手い、下手よりも、一生懸命練習する奴が試合に出る。とにかく精神論だね。「誰もができることを100パーセントやれ。それならお前だってできるだろう」って。だからうちは素人が入ってきてもいい。来るもの拒まず。松田なんて、キックできなかったからね。

――日本代表のフルバックとして1991年から4大会連続でワールドカップに出られた松田努選手は、もともと埼玉の草加高校の無印のフランカーでした。

春口　草加高校の先生から「セレクションやってますか」と連絡がきたものだから「セレクションはないけど、一応、見ます」と。そうしたらスタンドオフとフランカーが来てね。セレクションなんかやったことないからどうしようかと思ったけど、とりあえずスポーツテストで走らせてみようとなった。この日は文学部の棟の上の方にある研究室から2人のいる陸上競技場を見たんだけど、すげえんだ、フランカーだった松田の走りが。ダイナミックで。先方の先生はスタンドオフの方を推してきたけど、俺はフランカーの方がいいと思った。

どうやら松田は大東文化大学にも行ったみたいだけど、そこでは小さいとか言われたんじゃない？当時の大東文化大学のフランカー陣は外国人もいて大きかったから。それで、スタンドオフの子についてきてウチにやって来た。そんな風だから、もともとウチには入る気ないんだよ。でも、俺から「お前の走りは面白いよ。バックスやれ」って伝えた。

高校の先生にも「松田をバックスにしてください」と言ったら、「私もバックスにするつもりでした」って言うんだよね。松田をバックスにすることを約束して、取ることになったんです。草加高校はその年、県大会でかなり上位まで行ったんだよ。そうなってからダイトーの監督だった鏡（保幸）は「あいつを取っておけば」なって言ったんだけど、ダイトーじゃキックができないバックスは仲間になれない。

松田はキックできなかったんだから、ダイトーではフランカーをやるしかない。だからダイトーに行っても、カントーで活躍した風にはならなかったんじゃないか。

――ワールドカップ2大会連続(2003、07年)で日本代表主将となる箕内拓郎さんも、春口先生が発掘した選手です。

春口　箕内は、佐賀工業高校から日体大に進んだお兄ちゃんが身長190センチくらいあった。だけど、箕内本人は当時180ちょっと。それで細くて、割り箸ってあだ名だった。(無名校の)八幡高校に通っていて、どこからも声がかからないわけ。だからカントーへ誘って、一緒に練習をやったんだ。スクラム練習でボールが片方の塊の後ろにパパン、と転がって、ノットストレートの反則で笛が吹かれたことがあった。ところが逆側のフランカーに入っていた箕内は、笛が聞こえなかったからかボールへ頭から突っ込んでセービングだよ。俺がそれを見て「お前、笛が鳴ったのわかっていたか」って聞いたら、「わからなかったです。でも、ピンチだと思ったからセービングしました」って。こいつはものになると思った。

――私の学生時代は関東学院大学が強い時期でした。外から見ていると、元から素材のいい選手が集まっているうえ、そこに先生の指導が混ざって強いチームができているんだと思っていました。でも、いま先生の話を聞いていると、ハートの強い、下手でも一生懸命な選手がいたんだとわかります。

春口　そう。だから、うちで高校時代からエリートだった奴って誰だろうという感じ。仙波(優・故人)も松山商業野球部の落ちこぼれだよ。有名なピッチャーだったらしいけど、野球部の先生とケンカしてチームを辞めちゃっていた。その頃、俺の同級生が松商のラグビー部で先生をしていたから、仙波も練習に呼んだの。「俺も野球部だった」「お前、やんちゃらしいな」という話をして、「お前なら絶対にできる。来いよ」って言ったの。そうしたら、高校のうちにめきめきいって。ただあいつ、高校日本代表になった時に不整脈が出た。あいつ、それがなかったら海外遠征のメンバーにも入って別な有名大学に行っただろうね。ところが不整脈が出たものだから、みんな引いちゃったわけよ。それで、「行くところがないなら来るか？　最初の約束だもんな」って。

――ラグビーのコアコンピタンスについても伺います。京都産業大学はスクラムを軸に据えていましたが、春口先生はその年、その年で戦術を変えていましたか？

春口　それをしないとカントーは無理よ。カントーって何するかわからないでしょ？

1部から2部に落ちてしまう2012年度は、東京高校出身のスクラムハーフで井上卓哉というのがいたんだけど、彼にナンバーエイトをやらせたんだから。いいスクラムハーフを2人使いたいから。その時のフォワードはそんなに強くなかったから。速い球出しで、速くバックスに展開する作戦だった。

――相手にとってみれば、どんなラグビーをするか読めない。でも、強かった。

春口　最初の頃は、拓殖大学に20～30メートルもスクラムで押されたんだよ。でも、そこでよく勝ったなって思うよね。いまだに笑い話だよ。

――綿井先生もランニングラグビーを提唱していました。春口先生にも展開ラグビーを志向しようという思いはありましたか？

春口　最初は大きいやつが集まらなかった。ただ大きい奴は空気抵抗が大きくなるからスピードに勝てないって、工学部の先生から数字を書いてもらいながら聞いて。ここで何を鍛えればいいかとなったら、スピードだ。身体を大きくするのはずいぶん後になってからだね。

――先生は監督になって伝統校を倒したいという思いをお持ちでした。そこまでの最短ルートは、エリート選手を集めることのようにも映ります。しかし……。


春口　日体大の先輩だったか、後輩だったか、その人が「結局は優勝するかしないかは選手（次第）だね」と言うから、俺は返したんだ。

「いや違う。絶対に指導者だ。子どもは変わる、若者は変わる」

　俺がなんでそんなことを思ったかっていうと、サッカーJリーグのチェアマンをした川淵三郎さんが関東学院大学へ講演に来たことがあって、その時にこう聞いたんだ。

「パッション、ミッション、アクションの三位一体が大事。情熱だけではダメ。ただし情熱と使命があれば、考え方がしっかりする。加えて、それを行動に移さないといけない」

　この話を聞いて、俺、ビビビっときて。

あ、俺、情熱だけだったな。

でも、感覚的にはミッションを持っていたんじゃないかな。

実践も、してきたよな。

そう思ったわけ。

それに、サッカーがなぜあそこまでいったかっていうと、パッション、ミッションに加えてアクション。行動力だよね。情熱とミッションまでは、誰でも持ててしまう。できないのは行動なんだ。実践することだ。

――頭で考えて言う人はたくさんいるけれど、それを実践した人は限られるかもしれません。

春口　そこに必ず出てくるのは「やろうと思ったけどこうだった」とかの言い訳。カントーの最初の頃も、教授会では発言したことないけど、ラグビーの話になると「先生っ!!」って粘り強く。向こうが「お前、ラグビーだと元気になるなぁ」と言うのに「僕、ラグビーバカですから!!」って。ラグビーをよくするためだったら何でもいいやっていう気持ちです。

自分にここまでラグビーをさせてくれた綿井先生も同じ。日体大をよくするためなら……という気持ちです。俺、たぶん大西さんもそうだと思う。感じるでしょ。

――はい。そうですね。

春口　あの人のハート。それから教え子に対する態度。やっぱりいい指導者だなって思うもん。パッション、ミッション、アクションの3つが揃っている。

最近、マニュアルで指導しちゃっている人は多いでしょ？　だから、定年になった俺がいまやらなきゃいけないことは何かと思ったら、そういう指導者がいない子どもたちに俺の経験などを話していきたいなって。結局は自慢話になっちゃうけど、昔の苦労話をいま苦労している人たちに伝えて、「頑張れば絶対にできる」と感じてもらいたい。

――指導者として、勝利より優先順位が高いものはありますか？

春口　勝つことが一番。だって、勝つと楽しいじゃん。ラグビーの究極の目的は、試合に勝利することでしょ。そう言うと「お前は勝利至上主義か」となるんだけど、違うんだって。勝利するということは、いっぱい努力した証だよね。いいチームができた証でしょう。ただ強いだけでは勝てない。

――勝利を最優先に置くけれど、「勝利至上主義」にはならない。

春口　勝つチームは強いチーム。皆、「強いチームが必ずしもいいチームとは限らない」と理想的なことを言うじゃない？　でも、強くていいチームでなきゃ絶対に勝てない。負ける時はどこか悪いこと、欠点があるから負けるわけ。

これは、やっぱり現役の時にはあまり言えなかった。いわゆる先生としては、「勝つことよりももっと大切なものがあるんじゃないか？　絶対にあるさ」とか言っちゃう。

ただチームワークって何かって言ったら、一人ひとりの努力でしょ。一人ひとりが何のために努力するのかって、勝つためにする。そのひとりがチームから欠けたら、15人がしっかり役目を果たさなきゃならないラグビーでは勝てなくなる。

――初めて日本一になった1997年度大学選手権決勝。キャプテンだった箕内さんは、当日朝に会場の雪かきをした控え部員へ人差し指を掲げてガッツポーズをしました。

春口　お前何でそんなガッツポーズするのって聞いたら、「スタンドで見ている奴と一緒になれるからだ」と。あの時、100数十人がひとつになったって。雪かきをした4年生は、「初めてチームに役に立った」って。それで箕内が「こいつらを日本一の部員にしなくちゃ」って言って。……（人差し指の意味は）ナンバーワンじゃないわけ。ひとつ。

カントーではトライした奴の頭を叩きに行ったり、抱きついたりする。サッカーみたいだって言われるけど、違う。最終的に球を持ってトライした奴のところへ、皆、集まれって話だ。ボールを回して、トライを決めた奴がまたそのボールを持ってキッカーに渡し、自分は自分のポジションに戻る。これがラグビーの精神。こんな美しい話はないだろうって。俺もそういう話をしてきた。

――とにかく、トライを決めたら皆で喜ぼうという話ですね。

春口　そう。最後にトライを決めた奴は、皆のひとつずつの仕事を昇華した奴だ。皆、そいつのところへ行って「お前よくやったな」「実は俺が球を出してやったから」と。これは、ニュージーランドの考え方でもある。でも、日本協会に始末書を書いたこともあるよ。「お前のところのガッツポーズダメだ」って言われて。だから俺は協会からものすごい嫌われているけど、別にいい。協会のためにラグビーをしているんじゃない。みんなが楽しむ。だから、こういう異端児がいたっていいだろうって。

勝ったら喜べばいいのよ。ただし負けた人は、グラウンドに突っ伏して悔しがるなよと。負けた時こそ勝者を讃えろよと。何で勝者を讃えるか。相手が目的である勝つことを果たしたんだ。それを認め、リスペクトするからこそ、自分の次の勝利があるんだ。

こんなこと話していると、「お前、教育者じゃねえ」とか言う人もいるんだけどね。

――それにしても、いくら教員としてのポジションを確立していたとはいえ40年も人を指導できるのはすごいことだと感じます。就任した当初の目標は選手の前で言ったりしていましたか？

春口　東京へ行くぞ、って！　早慶明と試合をしよう。そのためには強くなるしかない……。目標はやっぱり早慶明だったね。関西だってそうだったんじゃないの？　大学選手権に出て絶対に早慶明を倒してやろうっていう。

――大西先生と坂田先生にもインタビューさせてもらったんですけど、やっぱり伝統校に対して、という思いがあったみたいです。

春口　関西のチームが早慶明と当たるのは大学選手権だから、ちょっと遠いよな。当時の我々は交流戦で戦えたから乗っかりやすい部分はあったよね。

――頂点に立った後もモチベーションを高く維持できたわけは？

春口　教え子。みんな活躍してるもん。何が楽しかったかって、その教え子が勤める会社の人たちから褒めてもらうこと。「やっぱりカントーの選手って、いい奴だな」「こいつ仕事できるな」って言ってくれると、すごく嬉しい。

――選手の主体性は重要だと思いますか？

春口　一時のやる気なんて、誰でも持てる。ただ、それをどのくらい持続させるかという根気はすごく大事。要は、学生が自立できるかどうか。でも、高校を出たての子をどうやって自立させるかは……。

――難しいですよね。

春口　自立イコールプロ化。でも、大学をプロ化しちゃって、その手前の高校で自立心を完成させられると思う？　俺は、無理だと思う。

やっぱり大学4年は、偉そうなことを言ったってまだ親の世話になっているわけじゃん。教育を受けている立場だよね。そこで自立心や主体性を持たせるのは難しいと思う。だから、主体性を学ばせる教育が必要だろうね。どうやって自立できるかを学ばせる。そこをコントロールしているのが、いまの帝京大学だと思うんだよね。

――帝京大学では、日体大出身の岩出雅之先生が指導されています。

春口　ああいう大きな大学にはその辺に関する専門者もいっぱいいて、それらを岩出がきちんと管理している。もっと極端なことを言ったら、帝京大学がラグビー部をきちんと管理をしている。その管理人としての岩出の能力は、やっぱりすごい。

――最近のラグビーのチームを見ていると、コーチをたくさんつけるような傾向にあります。その点はどう思われますか？　自分の目で、部員百何人いようとしっかり見てあげるべきなのか、それとも役割分担をして効率よく練習を進めるべきか。

春口　たくさんのコーチを、監督がコントロールしてやる。現代ラグビーというのはそういうことなんじゃないかなって思う。昔は一生懸命やっていればいいみたいな精神論があって、俺はまさにそれでやってきている。だから学生に「春口ラグビーは昭和のラグビーだ。いまのラグビーは違う」と言われることは、当たっているんだよ。

やっぱりひとりで色んなことを考えるよりも、きちんとそれぞれのコーチがいることで、管理職も専門化してくるんじゃないのかな。それが現代ラグビー。その管理人にも、より高度な知識が求められると思う。俺みたいな根性論じゃダメだ。

――私は見ている人が心を動かされるようなラグビーが好きです。もちろん、現代ラグビーの潮流のなかで勝ってゆく必要はありますが。

春口　そうだね。そういう（現代型のシステムの範疇外にある）精神を専門的に教えるべきという話にもなってくるだろう。

ただ、大会社だけれどワンマンチームというのは古い体質。これからはより広範囲な能力を持ったトップ、監督、マネージャーがいないといけない。チームがより高度になればなるほど、管理職も高度にならないといけない。それにしても帝京大学に対抗する大学が出ていかないと、大学はどんどん1強時代になっていくんじゃないかな（取材時は帝京大学が大学選手権連覇記録を更新中だった）。

――春口先生はどう思われますか？　いまの帝京大学に対抗するなら、帝京大学のシステムに倣ってそれを高度化させるべきですか？　それとも帝京大学とは違ったパターンのチーム作りで対抗するべきか……？

春口　帝京大学の真似をしたら帝京大学のライバルにはなれないんじゃないかな。独自の何かを考え出さないと。俺たちの頃でいえば、早稲田大学の清宮（克幸）のような「古いおっさんの関東学院大学に負けてたまるか」っていう感じで、誰かが帝京大学のシステムを打ち砕くシステムを考えなきゃ。どこかに、次のシステムを考えられる若いのがいるんじゃない？　そいつが大学、選手、仲間とのいい出会いを経験したら、がーっと行くんじゃない？

――それぞれが各クラブのオリジナルを磨いていかないと、人気の維持からも勝利からも遠のくのかもしれません。トップリーグでも、どのチームも外国人のスタッフと選手を集めて最新のことをしようとするのでどこも似通ってしまう。そのチームのオリジナルは何だと問われたら、意外とわからなかったりもします。

春口　だから、伝統ってのがあったわけだよ。我々のような新興チームでも、それなりの伝統ができてきていたんだよ。だから、伝統を作ろうとするチームにもっと出てきて欲しい。伝統を作らなきゃいけない。簡単な話、トップリーグはもっと金を使えって。それが一番の特長なんだから。ラグビーは絶対に企業スポーツを外しちゃダメ。企業スポーツがあるからこそ、大学スポーツができるわけで。大学スポーツがあるから高校スポーツができる。一方で中学生以下らの普及も大事。それぞれの連携を取らなきゃいけない。

3　強くて「いい」チームとは

坂田先生、春口先生に加え、現役の重量級監督にもお話を伺った。東海大学の木村季由監督だ。春口先生と同じく日体大で綿井先生の薫陶を受けた木村監督は、1998年に非常勤講師として東海大学に赴任。当時関東大学リーグ戦2部に所属した同校ラグビー部の監督にもなり、就任10年目の2007年には同1部で初優勝を果たした。その後の10年間で2位以上9回、うち優勝は7回と安定的に上位争いを演じている。大学選手権ではベスト4以上を7回経験し、うち準優勝は3回。特に2015、16年度の決勝では連覇を続ける帝京大学と名勝負を繰り広げた。

東海大学は強いフィジカリティが特徴的で、卒業生にもタフな選手が揃う。2007年に入学したリーチ　マイケル（当時はマイケル・リーチ）は2年生だった2008年にジョン・カーワンヘッドコーチ（当時）率いる日本代表の一員となり、2011年からワールドカップに3大会連続出場中。私も出場した2015年のイングランド大会では、キャプテンとして歴史的3勝を挙げた。2019年秋の同日本大会でも、2大会続けてキャプテンとなって日本代表史上初の8強入りを果たした。

今回ご紹介する木村監督のインタビュー時は、重量級監督の持つ長期政権や交渉力に関する具体的なエピソード、強化の補完的要素となる付属高校との連携や留学生起用について貴重な証言をいただいている。お話を伺っていると、スタッフ、コーチ陣のマネジメントに重きを置いているのも印象的だった。

──まず、木村先生がラグビーを始められたきっかけを教えてください。色々な記事を読んで勉強してきたつもりです。

木村　中学までは陸上などの個人競技をやっていました。短距離走はそこそこ速かったんだけど、その道で当時ものすごく速い子が地元にいて。こいつには絶対敵わないなというのがありました。もう陸上は諦めて、高校に入ったら違うことをやりたい、何か皆でやるものも面白そうだなと思っていたんだけど、サッカーは小さい頃からやっている子が多いし、野球は好きだったけど、そもそも僕は最初野球部をやめて陸上部に移っていたこともあって。

そんななか何となくぼんやり家でテレビをつけた時、早稲田大学と筑波大学の試合がやっていたの。当時はドロドロのグラウンドです。我々の頃やエリアにはラグビースクールもなかったので全然ラグビーの知識がなく、「これ、何やってるのかな」って。面白いというよりもめちゃくちゃだなと思って少し興味が湧いて──当時はインターネットがある時代じゃないので──新聞や本でラグビーを調べたら、足の速さが少し活かせるとも思った。

ちょうど高校受験の時期だったので、それでラグビーの強豪校と言われる高校を探しました。東京の國學院久我山高校、本郷高校、目黒学院高校。そのなかでも当時初めて花園に出た本郷高校が話題になっていて、家からも比較的通いやすそう。本郷高校を第二志望校として受けようと考えたんですが、いざ本郷高校ラグビー部の練習を見たらかっこいいと思っちゃって、ここしかないと思って受験して合格。ラグビーをしたくて、本郷高校に行ったんです。やったことないのに。

──木村先生は、高校2年で大阪の花園ラグビー場での全国大会に出場します。

木村　ベスト16。3年生の時は東京都予選決勝で引き分け。抽選により敗退して、高校ラグビーは終わりました。

――ポジションはずっとウィングですか？

木村　足の速さもあってウィング。いま思えばパスの回数も少なく、素人がやったら一番、上達しないポジションだったのかもしれない。それでも比較的タックルがよかったので、結果的には2年生から試合に出させてもらった。

――高校卒業後は日本体育大学（日体大）に進学されます。卒業後は、民間企業で営業をされていたんですね？

木村　当時の日体大では綿井永寿先生がラグビー部の監督をされながら、実際の現場はほとんど上野裕一先生が仕切っていた。教員になるより、民間企業に行く学生の方が多い時代でした。バブルの時代だったから。僕も海外に行って色々と動き回る仕事がいいなと思っていたところ、綿井先生に「これはどうだ」と紹介してもらえたのが日通航空という会社です。ここのラグビー部は、トップリーグがない時代の東日本社会人リーグで2部。それほど弱いチームではなかったんだけど、僕自身の配属先が（グラウンドから遠い）成田空港になって、一切ラグビーができないような職場環境でした。上司に相談したら「え？　お前、ラグビーがやりたかったの？」。この頃は売り手市場のいい時代だったから、試用期間のうちに辞めた方がいいということで、3カ月で退社。いまの僕の立場で目の前の学生がそんなことしてたら「貴様!!」となっているようなところです。

しばらくして、色んなラグビーのつながりのなかでキティちゃんのサンリオを紹介されました。当時のサンリオの常務に保善高校のラグビー部出身の方がいて、中途採用試験を受けさせてもらいました。入社できたサンリオにはラグビー部もあったけど、当時のヒエラルキーでいう4部に位置する同好会。ジャージーにキティちゃんの絵が描いてある。土日どちらかで練習して、試合して、一杯飲んで、みたいな楽しいクラブチームでした。

サンリオ時代の4年ほどは、ラグビーのトップの現場とは全く無縁で、本当に仕事に没頭していました。一生懸命やって、それなりの評価も受けて、それはそれで楽しかった。

ただ、一緒に現役でやっていた連中が第一線で活躍するのを見たり、応援したりと刺激を受けてもいました。やがて「ラグビーとは離れちゃったな」「そう言えば、もともと教員になりたかったんだよな」と自問自答を始めます。

そんな時、日体大を出て流通経済大学（流経大）の監督になっていた上野先生へ相談しました。そうしたら「週末だけでもうちの練習を見に来いよ」と言ってくれたんです。当時の流経大はまだ関東大学リーグ戦の2部か、3部を行ったり来たり。現監督の内山達二が主将だった時代です。

週末だけ茨城へ行く生活をしているうち、こう言われるようになりました。

「教員になるのならもう1回勉強し直せ。教員の免許を持っているからって教員になれるわけじゃない。もう1回勉強し直して、自分のラグビーを作らなきゃダメだ」と。

それで、当時あった日体大の専攻科へ通うことになりました。

そこで、「本当に勉強がしたいなら、うちの研究室へ来るか」と誘ってくれたのが石井喜八先生。バイオメカニクス、運動力学の大家です。石井先生の研究室を出入りするうち火をつけさせてもらえて、結局大学院に進学しました。

　修了後研究室で助手をやりながら、流経大ラグビー部にサンデーコーチとして関わらせてもらっていたら、上野先生の推薦で日本代表のテクニカルグループから声がかかりました。

　当時は平尾誠二さん体制の日本代表が立ち上がった年で、筑波大学の先生たちが中心となったテクニカルグループという技術部会がスカウティングをしたり、データを分析したりしていた。

　そんななか、綿井先生に呼び出された。

　いきなりです。

「東海大の監督になれ」

　って。

　ちょうど当時の東海大学の体育学部長の先生は、日体大のOBでした。その先生が、関東大学リーグ戦の1部から2部に落ちたチームを生活から指導できる人を探して綿井先生に相談していたんです。

　本当にすべてが縁というか、人のつながりでいまがある。自分の実力なんかは全然なくて、色々な人がいたから、色々なことをやらせてもらえたんです。その時にそういう縁を求めて何かをしてたというわけでもないし、自然と自分で動いていくことによってつながりは出てくるんだと、いま振り返れば思います。


——東海大学の監督には1998年に就任。当時の大学での役職は専任コーチですか?

木村　最初の頃は色々な人事のスケジュールに間に合わず、非常勤講師として入りました。ラグビーの授業を何コマか持って。ただしラグビー部の監督として、専任を前提として採用をすると言われていました。専任となったのは1年目の9月です。

——当時、チームは2部に降格していました。大学にはラグビー部を強化する目的があったのですか？

木村 ラグビー部の強化が続いていたのは、大学の創設者がラグビーの教育的価値を好んでいたからです。ギリギリ首の皮一枚つながって強化の中に残っていたという状況。僕が就任した当時は、「強化指定クラブだから木村を入れて何とかしよう」というよりも「マイナスになったものをせめてゼロベースまでに戻そう」というくらいだったはずです。

当初は部員が80人くらいいたんだけど、練習に出てくるのはせいぜい3分の2くらい。誰がいるのか、いないのかは学生に聞いてもわからない。そんな状況です。

学生の生活態度、授業態度もめちゃくちゃでした。合宿場は門限もあってないようなもので、本来夜にとる点呼は朝にとっていて、外部の人間の出入りもＯＫで、ゴミで汚かった。

——就任当初の具体的な目標はありましたか？

木村 ここは結構悩んだところ。2部だったので、大学日本一という目標は立てられなかった。ただそんななか、「1部復帰」という言葉は絶対に言わせないようにした。

ギリギリで1部に戻ったって絶対にもう1回落ちるから。上がっていくという意味で「1部昇格」にこだわりました。1年目は上がれなかったので、2年目も目標は同じ。1部に上がった3年目以降は大学日本一を目標にしました。実はこれも悩んだんですよ。（現実的な）全国ベスト8という目標は、ピンとこない。かといって、その時の能力でできることと目標があまりにもかけ離れていたら（目標は）単なる掛け声だけになる。最後は「身の丈に合った目標を掲げるとそれ以上のものは生まれない。学生たちに覚悟を伝えるのが大事だ」と、僕はあえて大学日本一にこだわっています。

――前任監督は袋舘龍太郎さんでした。

木村　実は僕が監督になった時も、袋舘さんはいらっしゃいました。僕が非常勤だった頃は袋舘さんの研究室を使わせてもらっていました。もともと東海大学には事務職で入られたんだけど、ラグビー部の指導をさせるために大学側が教員にしていたんです。

元日本代表のロックで、身体が大きくて強かった。世代を超えたベストフィフティーンを作ればいまだにこの方の名前を挙げる方もいます。すごくいい方でもあるのですが――これはご自身も仰っていたけど――細かいことがあまり得意じゃなかったんです。かといって当時の僕は、東海大学のことを何も知らない。それまでの取り組みを全否定して学生たちをこっちに向かそうなんていう気は全くなかった。だからあえて、事務職に戻った袋舘さんに総監督（後に副部長）としてチームに残ってもらいました。袋舘さんは現場では僕に一切口を出さずすべてを任せてくれた一方、外様の僕を快く思っていなかったOB会の理解を得るよう色んな話をしていただきました。

――当時、袋舘さんが作ったチームの雰囲気、文化的なものはありましたか？

木村　僕が就任する前には、エディー・ジョーンズ（元日本代表ヘッドコーチ、現イングランド代表監督）がコーチで来ていたんです。ただし袋舘さんが直接呼んだというよりは、色々なつながりのなかで招へいしたようです。クラブを強化するためにエディーを呼んだわけでもなく、エディーはここで日本語の勉強をしながら、ラグビーのコーチとして手伝っていただけ。部員たちはただラグビーをやる、好きなようにやる。能力の高い子は何人かいたけど、生活態度、自己管理能力はほとんど個人任せ。組織として何かを管理していこうという感じではなかった。

――部員の選手としてのレベルは？

木村　付属高校から能力の高い子が何人か入ってきたけど、他大学と比べると本当のエースになるような人間は決して多くなくて。あと、当時は大学と付属高校との関係がぐちゃぐちゃになっていた。

――東海大学の系列校には、全国大会で上位を争う大阪の東海大仰星高校など実力校が多いです。

木村　せっかくラグビーをやっている付属高校がたくさんあって、それらをリクルートの一番メインにしなきゃいけないところだったのに、そこが崩れていた。付属高校との関係性をもう1回、建て直そうと思って、当時の先生方に本当に甘えちゃった。可愛がってもらうという発想で各高校を回りました。当時は静岡で東海大学第一高校と東海大学工業高校が合併した頃で、東京には東海大菅生高校もあった。そこにはいい選手がいたから、一生懸命通いました。仰星の土井崇司（現東海大学テクニカルアドバイザー）先生へも、ダメ出しの何十連発をされながらも何度も頭を下げた。初めて仰星が日本一になった時の湯浅大智（現東海大仰星高校監督）も、一生懸命に通って口説いた選手です。

――ラグビー部の選手は体育学部所属が多い。体育学部は教員免許も取れます。

木村　僕が東海大学に来て不思議に思ったのは、教員を諦めちゃう子がすごく多い。総合大学なので、教員免許を取ることに特化していなかった。日体大の場合はほとんどの選手が取っていたので、最初はそこに違和感がありました。

――ただ、教員免許が取れることはリクルート時の謳い文句にもなります。

木村　言える。だけど、体育学部以外の学部をアドバンテージにする方法もあった。（高校のラグビー部では）体育学部以外があまり知られてなかったので、もともと理系の大学なんですよということも説明しながら全国を回りました。

あとは、当時の高校ラグビー界には日体大の先生が多かったので、その先生たちにとにかく挨拶。当時はいい選手に声をかけたって来やしないのはわかっていたから、とにかく性格のいい奴をお願いしますって。最初は小さいけどキャプテンをしているとか、何か魅力があるとか、競技力よりもそっちを優先することを選びました。それをすると人望のある奴が揃うから、今度は子ども同士の会話で、「あの先輩がいるから東海大学に行きたい」というのが出てくる。それによって何人かの能力の高い選手が来てくれることもありました。伝統校でもないし、強いわけでもなかったし、学費も高い印象もあった。そんななかでは色々な間口、可能性を見つけていこうと思っていました。

逆に、あまり欲張らなかった。付属の選手でも、例えば早稲田大学に行きたい子がいたら深追いはしなかった。いまだにそうしています。でないと今度は「東海大学系列の高校に行ったら東海大学しか行けなくなる」となってしまい、系列校に魅力を感じている子どもの道を潰すことになる。（付属校の選手の）何人かは（リクルートの網の）外に出すというのは、すごく大事な戦略です。

――就任当初はリクルートにも時間を割かれていたのではないですか？

木村　そうはいっても、まずいまグラウンドにいる子たちを何とかしなきゃいけない。だって、目を離したら何するかわからないんだから。

――就任当時、選手のモチベーションの程度はいかがでしたか？

木村　2部に落ちていたから、このままじゃいけないという思いはあった気がする。そこで降格した理由を一つひとつ話していきながら、わからせていく作業をしました。特に4年生は、それより上の学年のよくないところを見てきている。自分たちで変えないとどうにもならないと感じていました。一方で新2年生は最初の1年間をぬるい雰囲気のなかでやってきたので、緩い印象がありました。

――記事では挨拶、グラウンドのゴミ拾い、寮の整理整頓など、規律面での指導に時間を割いたと読みました。

木村　できるところから始めた。ラグビーの技術がどうのこうの以前の問題の方が大きかったので。ラグビーの上手い子が多いと思う反面、何で勝てないのかなと考えたら、結局ここに行きつきました。

グラウンドには空き瓶が落ちていて、そんな状態ではラグビーができないだろと話すところから始まった。見てくれの部分では、まず「ビーチサンダルで大学に行くな」と。茶髪、ピアスは禁止。タバコもダメ。隠れて吸う奴はしばらくいたけどね。

――寮の規律を正すべく、実際に寮を回られたとも聞きました。

木村　行った、行った。一緒に風呂に入ったり。だけど、その当時の寮がボロボロだった。風呂なんか天井に穴が空いていて。露天風呂か？　という状態だった。

――新しい寮ができたのが2000年頃ですよね。

木村　それにも紆余曲折があって。最初は前監督が個室の寮を考えていたみたいだけど、それじゃ寮にならないということで色々と（仕様を）変更。集団生活をあえてさせるようにしました。ラグビーという競技の特性上、赤の他人と一緒に何かをすることを面倒臭がったらダメ。僕はそれを日体大時代に学んでいました。当時は嫌だったけど、振り返ればすごくありがたいことでした。

いまの子たちは――特にいまが本当にそうなんだけど――居心地の良さを追求しているから、居心地が悪いところから逃げていく。でも、ラグビーをしていたら居心地のいいことばかりじゃない。部活動とプライベートは分けた方がいいとか色んな考え方があるとは思うけど、そんな環境を作るのなら合宿所の意味がない。「人生の４年間、赤の他人との生活を学ぶ方が大事」というのは、いまでも全く変わらない僕のポリシーです。

――現在、寮は２つあります。

木村　２つめの寮は、地元の地主さんにお願いして建ててもらった。加えてそこに入りきれない学生は借り上げたアパートに。場所が離れすぎて管理が行き届かないとダメなので、すべてを近いところでコントロールできるような体制にしています。

――２００４年には人工芝グラウンドが完成。これも木村先生が交渉されたのですか？

木村　当時の体育学部長の先生から色々な指導を受けました。マネジメントの基本のヒト、モノ、カネの部分を考えながら学外、学内、ラグビーの世界に対してどうアプローチをしていくべきかの計画を立てなさいと言われたんです。そうして強化計画を立てる一環で、グラウンド環境、コーチングスタッフの数など事細かなことを他大学と比較しました。特に、当時のリーグ戦のチャンピオンだった関東学院大学をモデルにしました。

グラウンドについては、何面も芝生グラウンドを作ることはできないにしても、当時流行っていた人工芝グラウンド導入のため計画を立てました。ラグビーの強化のためではなく、授業の環境整備のためだと説明しました。

僕が大学の施設の委員になって、まずはサッカー場の人工芝化から。自分のところから始めると色々とあるから。サッカー場を人工芝にするために全国の人工芝を調査して、そのレポートを大学に報告。その後、業者を選定しました。最初はサッカー、その次はラグビーと整備していった。

――教員監督という立場が、予算の確保などに有利に働く部分はありますか？

木村　学内に対しての色んなアプローチに時間を重ねられることによって、僕という人間をわかってもらえる。そこで色々なお願い事を頼みやすくなって、それこそ最初は顔も見たことがなかった学長先生とも直接話せるようになった。専任教員だからこそ、信頼感が積み重なるところはあると思います。ただ、予算はトップダウンで決まる話。おそらく教員だろうがそうでなかろうが（関係ない）。大学からもらえるお金は、大学の強化（への本気度）で決まってくるので。それに、うちのクラブはほとんど専任の教員を監督にしているので、大学から動くお金もほぼ横並び。あとはどう自分たちでOB会、保護者会などから予算を獲得していくか。もしくはサポートしてくれる企業との関係を保っていくか。ここは、本当に慎重にやらなきゃいけないところです。本当に、学校と連携しながら、透明性と正当性を持ってやっています。いまは規模が大きくなったので、専門の経理の方々に外部委託をしているところもあります。お金に関してはまず、受益者負担の原則で学生たちの部費で回していけるようにするのが一番です。

――チームには留学生選手もいます。海外出身選手の獲得を始めたのは、木村先生の時代からですか？

木村　過去にもOBのつながりで台湾などから選手が来ていましたが、その子も途中で退部していた。本格的に（留学生を）入学させたのは、僕からという感じになるのかな。

最初は日本の体育の先生になりたかった台湾の選手。当時、横河電機にいた台湾出身の方経由で話があったんです。その次は、セントビーズカレッジ出身のマウ　ジョシュア（現登録名・以下同）。彼は正規ではない交換留学の形で札幌山の手高校に来ていました。彼が入ったことによって、リーチ　マイケルも山の手からうちに加わりました。

――日本代表キャプテンになるリーチは、そういういきさつで東海大学に入ったのですね。高校の佐藤幹夫先生とのつながりはあったんですか？

木村　佐藤先生とは、大会で挨拶をする程度。ジョシュアの話になった時、初めてちゃんと話をしたくらいかな。ジョシュアは当時そこまでキャリアを重ねていなかったので、どうしたらいいかで先生も迷われていたと思う。そこでマイケルの話にもなった。それが始まりです。

――留学生の採用について、戦略的に考えられていることはありますか？

木村　手段として「そこありき」にするべきではないと思っています。周りからは「入れれば結果的に一緒だろう」と言われるけど、やっぱり入れるにあたっても理念が大事だと考えています。頑なに大学として国際交流を謳う。強化目的で日本語も喋らない、大学で学ぼうとしない子を入れる発想はまずダメ。もうひとつは、できる限り日本の高校で学んだ子を大学で受け入れる。日本人の受験生と同じように、受験ができるレベルになった時点で受け入れる。特に、初期はそこを守っていました。その子が将来は日本で生活をしたいと思うような指導を念頭に置きました。うちの留学生は本当にちゃんと単位を取るし、日本語も学ぶ。

――ラグビーのスタイルについても伺います。大西先生や坂田先生の場合――坂田先生は特にですが――

徐々にバックス強化からフォワード強化にシフトしていきました。

木村　言いにくいことだけど、バックスってコーチングで能力を上げる成長曲線を描きにくい。身体が大きくなる、足が速くなる、パスがものすごく上手くなるという選手もなかなか少なくて。だから僕も「勝負を決めるのはフォワードで、スコアを上げるのがバックスだ」という印象を強く持っている。ただ最初に1部に昇格した時の東海大学なんて、（当時上位にいた）関東学院大学と試合をしたらスクラムでボールを入れた途端に持っていかれていた。本来点差の開きにくいシーズンの一発目のゲームでも3桁のスコアを取られて。大学選手権に出られるようになってからも、スクラムが強かった時代の早稲田大学にまくり上げられた。どこが相手でも、結局セットプレーで崩れて負けていた。「いい選手が集まらないからフォワードを鍛えなきゃ」ではなく、「フォワードを鍛えないとラグビーは勝てない」とスクラムを強化しました。

――いまの選手への指導についても伺います。例えば部活動と授業であれば、どちらを重視させますか？

木村　基本、授業です。うちには部長と複数名の副部長がいますが、学習指導担当の副部長を中心に（学生の授業に関する）面倒を見て、責任を持ってもらう。加えて実際の現場の最高責任者である僕もすべてを把握できるようにする。こういう組織作りをずっとやってきています。だけど他の教員が成績表とにらめっこして、成績の悪い奴と面接して履修計画を立てさせるようなこともやっています。

――留年する学生はいますか？

木村　すごく稀。僕は就職率１００パーセントというクラブのコンセプトを毎年、全体に向けて話す。定期的にずっとです。

――就職の話が出ました。選手として優秀ならラグビーで就職を決められますが、そうならない部員にはどんなアプローチをしていますか？

木村　声のかかる子については本人たちが相談に来た時にアドバイスするくらいで、基本的には自分の就職は自分で決めなさい、です。最後は。それぞれのリクルートの人たちとおかしなことにならないよう、きちんとしなさいと言うだけ。なかには未熟な学生もいて、こっちにいい顔、あっちにもいい顔をして色んな人に迷惑をかける場合もある。だから、どの選手がどこと話しているのかの把握だけはしています。それは、企業側にも把握させてもらえるようお願いをしています。

一方で、そういうレベルでラグビーを続けない子たちの就職をどうするかが重要です。教員志望、公務員志望という行き先の決まっている子は別として、一般企業に行きたい子、トップリーグレベルではなくてもそこを目指すチームに入りたい子をどうしていくか。

まずは3年次にある程度の方向性を調査。いまは大学としての就職支援と別にラグビー部としての就職支援、キャリアサポートの体制を整えようとしていて。色々なセミナーを開いてもらって、手厚く指導をしていくというか、わからせてあげるということをしています。

僕は教員。「あなたが入ってきた時監督は誰々だったけど、辞めた時にいなくなっちゃって方針も考え方もガラッと変わったね」ということは、うちにはない。それは勧誘時の信頼関係を作るうえでも言っています。選手を入れる時だけいい顔をして、そいつが入った後はお前が頑張れよ……じゃなく、入学後のこともある程度はサポートしないと。

――指導理念についても伺います。勝利より優先順位が高いものがあったら教えてください。

木村　僕はやっぱり、強くて「いい」チームを目指すことが基本的な考えです。「いい」という価値観は色々だけど「いい」の価値観（の創出）を学生たちに求めていきたいです。例えば子どもたちに憧れられるラグビー選手になりたいとか、仲間を大切にするとか。勝てばいいやじゃなく、人がいい奴ならいいやじゃなく、そのバランスを大事にすることが重要。そのバランスが取れていれば、勝つことにも意味が出てくる。

――選手の主体性は必要だと思われますか？

木村　必要。ここでもバランスが大事だと思う。限られた時間のなかで最大の成果を得ようとしているなか、主体性という言葉を正しく使わないと。放任が主体性につながるかと言えばそうじゃない。一方で4年間あえてそこ（自分で考える行為）を端折ってわからせないまま突き進めというのは……。すごく悩むところだけど、言い過ぎもダメだし、言わなさ過ぎもダメ。ただ、そもそも本人がその気にならないと主体性は生まれなくて。

――学生、学校によって、意識のレベルに差がある。チームのなかでも意識の高い選手とそうでない選手がいる。そんななか、各選手の主体性を引き出す方法はあるのかなと思って。

木村　そこには個別対応が必要だと思う。いまの子は特に、全体主義ではその気にならない。160人の学生を預かった以上は、160人に対して違うアプローチ、違う言い方をしないといけない。

こんなこと、最初の就任時の僕ではとてもじゃないけど考えられなかった。この歳になって、カリカリしないでちょっと一呼吸置けるようになった。

――ここまで予算管理、環境整備、選手獲得、選手育成の話を伺う限り、監督にはマネジメント能力が必要だと感じさせられます。いかがですか？

木村　僕はそこが100パーセントだと思う。（自身の仕事は）いわゆるマネジメントがほとんどだよね。どうやって組織を作っていくかというところ。グラウンドのことは最後の手綱は握りつつ、どうコーチを育てていくか、どうコーチを呼び込んでいくか（に注力している）。彼らもお金だけで動くわけじゃないので。

極端な話、他にマネジメントする人がいれば監督は技術指導に特化できます。逆に、色んな人を雇えるのならゼネラルマネージャーとしてマネジメントに特化して、そこだけに没頭してもいいと思う。ただ、僕らはトータルの仕事が求められている。現場、マネジメントと何でも屋さんみたいになるけど、それぞれを中途半端にやっていると全部ダメになる。そんななかでもコーチングはどんどんアップデートされると思うけど、マネジメントは本当に土台のようなもの。この土台がしっかりしていないと、上に乗っかったものはすぐに崩れていく。

僕は学生の指導でも、キャプテン選びよりもプレイングマネージャー選びの方をすごく考えます。マネージャーといる時間の方が長いし。

――キャプテンやプレイングマネージャーは木村先生が決めているんですか？

木村　いまはね。昔はみんなの意見を聞いて、そのうえで推薦を（募る）みたいな感じにしていたけど。それは任命責任（を全うしたい）という思いがあるのがひとつ。あとは最終的にはリーダーは何をもって選ぶのかが大事で、その辺の情報を普段から自分がキャッチできていれば意見を聞いてどうこうというプロセスは必要ないかなと思って。任命形式にしたのは2012年か、2013年か……。ピンポイントでは覚えてないです。

――木村先生の指導者、監督になった時の当初のモチベーションは何ですか？

木村　周りが僕の就任に対して否定的だったので、これを絶対に何とかしてやる……という！　原点はそこかもしれない。みんなを絶対に納得させてやるというか。

――結果が出てくることによって、その目線は変わってこられると思います。そうなると、木村先生のモチベーションも違う方向に行きますか？

木村　最終的にＯＢ、関係者が全員、幸せになるということ。そのためには優勝がひとつのゴールになるし、その他にはチームの評判がいいとか、学生指導がちゃんとできているということも僕のいる意味につながる。チームがどんな状況になっても、ぶれずにやっていかないと。

――教育者として、ということですね？

木村　そうだね。僕はラグビーコーチではないと思う。教育者なんておこがましい話はしないけど、大学という教育機関に携わる立場として、そこを忘れてしまったら、自分のアイデンティティを否定することになる。

――モチベーションに波はありましたか？

木村　就任当初は、週末に湘南のキャンパスから家族がいた埼玉へ帰っても急に「学生が問題を起こした」と電話がかかってきて、また湘南に帰ってということがあった。家族にしてみれば「何なんだ」という雰囲気が出てくるし、こっちも「何で（学生は）こちらの思いがわからないんだ」と。それがモチベーションの波のようなものになった時は正直、あった。

ただそんな時も、出会った人の言葉、出会った人との会話で気づかされることがいっぱいあった。誰からだろう、「何も起こらないと思ってるから、何か起こった時にびっくりするんだ。最初から何か起こると思ってりゃいいんだよ」と言われた時には、肩の力が抜けた。そうすると今度は、自分のなかに危機管理体制が芽生えてくる。次第に波が収まってくるかなという感じ。

――長期間指導することの好影響、悪影響があればそれぞれ教えてください。

木村　長くやることによって一番ダメなことは、何かが淀んでくること。停滞。つまり、毎年何かを踏襲していくことがすべてになり、変化しなくなる。だから新しいものを採り入れていったり、チャレンジしたりしていくことが大事だと思います。変わることが目的じゃなく、よくなることが目的なのだけど。一方、長くいることで組織にもたらす安心感は少なからずあるのかなと思います。それは2016年、オーストラリアへ半年行った時に感じました。

――仮に教員ではなかったとしたら、これまでみたいな形でラグビーを長く指導できていましたか？

木村　できていないでしょうね。きっと。僕はこの立場だからこれだけの時間を作り出せているし。授業をやって給料をもらっているのが本分。ここは間違いない。変な話、ラグビー部の監督としては僕は一銭ももらっていない。だけど、ラグビー部の監督の役割がなければ僕は教員として東海大学へ来られていない。この関係がなかったら、こんなに長くラグビーの指導に関わることはできていないと思います。

――きょうはありがとうございました。

木村　喋りながら自分でも振り返られたのでよかったです。こんな職業をしているとベラベラ喋ることが長くなっちゃうんだけど。

やっぱりエネルギーだよね。エネルギーを持って何かをしないと、人は動かない。ふんぞり返って何もしないで「組織はこうだ」なんて言ったって、誰が動いてくれるんだっていう話なんですよ。

例えば僕が色々なマネジメントをして、リクルートで全国を飛び回ってるなんて、学生は知らないからね。1週間くらいいない時もあるでしょ。そのせいで昔は、「僕の話をちゃんと聞かなくなってるんじゃないか」という雰囲気もあったよ。だけど誠実にやっていれば、そのタイミングではわからなくても後になってわかってもらえることもあるから。

僕は学生には、ただ単純に人の話を素直に聞ける人間になって欲しいと思うだけです。だって、組織が変われば考え方も変わる。そんななかでも自分のベースをちゃんと持つことは大事だけど、人の話を聞けない人間はベース以前の問題じゃないですか。

ラグビーでも同じ。選手だってチームが変わって、コーチが変わった時に、そのコーチの言うことを聞かなかったら使われないわけでしょ。相手の言うことを理解しようとすること、受け入れることは大事なのに。

高校生のなかには影響力のある指導者からすべてを教えられたと思い込み、大学であまり人の話を聞けなかったり、いこじになっていたりする選手もいる。そんなのはどこかでポキンと折ってやらないと、社会に出ても相手にされない。そういう風に4年間を通し、時には折り、時には褒めるというなかで、やっと人の話を聞けるようになってくる。

おわりに

この本を書いている最中、ラグビーワールドカップ日本大会が開催された。日本代表の初の8強入りに国中が熱狂に沸き、京都産業大学の部員も世界最高峰の戦いにインスパイアを受けたのは間違いないと肌で感じる。

ここで面白かったのは、大西先生が南アフリカ代表の優勝に喜んでいたことだ。ワールドカップで3度目の栄冠に輝いたスプリングボクスは、スクラムとモールを中心にフィジカルを前面に押し出すスタイルを貫いていた。

いかに対策されようにも、貫いていた。

大西先生は、「いついかなる時もチャンピオンシップを目指す」と話しておられるが、勝利、および京都産業大学の存在意義に「ひたむきさ」を求めることも貫いている。勝利を目指す過程で得るべき生きる力を「ひたむきさ」と定義づけているからだろう。私のコーチ就任初年度、勝利が期待された試合を落としたことがあった。大西先生は部員を集め、「わかっただろう。我々はひたむきに戦わないと、並みのチームになってしまうんだ」と話した。

大西先生は「様々なストレスがかかった時の選手の行動」をよく見ている。体力的にも精神的にも追い込まれた時に、その人本来の態度、行動が現れる。そのような状況下でも逃げ出さず、楽な選択をせず、いかに前向きに、一生懸命に、ひたむきに、なれるか。これは社会に出てからも生きる人生訓だ。

大学のラグビー部では、すべての選手が優秀なアスリートというわけでは決してない。さらに年齢層は18～22歳と、人としても成長の余地がある。人生を80年と考えた時、その後の長い人生につながるこの大事な4年間で、学生たちはラグビー選手として進化すべく必死に頑張ってよいが、その進化に寄り添うコーチは「ラグビーというスポーツを使い、人間的成長を促す」という視点も同時に持たなくてはならないと私は思う。

もちろんこれは、「人間的成長」を勝てない言い訳にするという意味では決してない。まずは勝利を目指してひたむきに取り組む。その過程で現れる課題と正面から向き合い、解決する。このように、勝利を目指す過程でハードルの乗り越え方を学ぶのが学生スポーツの存在意義ではないか。チームのレベル、つまり強さは、そのチームの人間性の高さと比例するはずだ。

論文のために坂田先生、春口先生、木村先生のお話を伺って回り、改めて大西先生のこれまでを思う。ひとつの学生チームを長きに渡って指導された、もしくはされている4者に共通するものは何か。

それは、愛だと感じた。

現役時代は日本代表の名選手だった坂田先生は、就任5年目のある試合で選手がケガで倒れた際、知人の記者から「何で飛び出して見に行ってやらへんのや」と怒られて「あくまでやるのは選手」と実感。部員への声掛けを前向きなものに変えていったという。ご自身の勝ちたい気持ちを全面に打ち出すより、選手たちの勝ちたい気持ちを引き出し、寄り添うことに注力されたように思う。

大学選手権で何度も頂点に立った春口先生もまた、勝ち続けるなかでモチベーションを保てた理由を「教え子」と即答する。「教え子が勤める会社の人たちから『やっぱりカントーの選手って、いい奴だな』

『こいつ仕事できるな』って言ってくれると、すごく嬉しい」と、人づくりに喜びを感じていた。別な文脈では「勝つことが一番」と仰っていたが、よくよく聞いてみれば安易な「勝利至上主義」とは異なる思いでいた。

「勝利は、いっぱい努力した証だよね。いいチームができた証でしょう。ただ強いだけでは勝てない」

「チームワークって何かって言ったら、一人ひとりの努力でしょ。一人ひとりが何のために努力するのかって、勝つためにする。そのひとりがチームから欠けたら、15人がしっかり役目を果たさなきゃならないラグビーでは勝てなくなる」

木村先生は「学生には、ただ単純に人の話を素直に聞ける人間になって欲しいと思うだけです。組織が変われば考え方も変わる。そんななかでも自分のベースをちゃんと持つことは大事だけど、人の話を聞けない人間はベース以前の問題じゃないですか」と、人として大切な部分に想いを馳せていた。

そして、大西先生である。

私がコーチになって数カ月が経った頃だったか、大西先生が「うちは、チャンスがいっぱいあるやろう」と仰った。ご自身が「アウトロー」だった学生時代に恩師に救われてきたから、道を外したかに見える学生にも再挑戦のチャンスを与えておられるように映る。

私はこれまで、指導者として長らくチームを引っ張るにはあふれる情熱が必要だと思っていた。もちろん4者とも情熱の塊で、もうすぐ70歳を迎える大西先生は、私が知る範囲でチーム活動中に一度も着座したことがない。朝のウェイトトレーニング中も、長ければ2時間を超えるスクラム練習のさなかも、雨に打たれながらの走り込みの時も、椅子に座ることなく立ったまま選手を見つめ、指導する。このスタイルに接しても、大西先生が情熱に支えられた指導者であることは疑いようがない。

しかし、大西先生をはじめとした4者が内なる情熱だけでコーチングをされているとは思えない。そこにいる人々への愛がないと、チームにそこまで尽くせないのではないか。

学生たちの歓喜の瞬間や悔し涙を流す夜から、確かな人生訓を導き出し、共有する。時には愛を持って寄り添い、時には愛を持って突き放し、人間形成し、社会に送り出す。

そう、4者に共通するのは愛を持って接していることだ。

どんな時代にあっても「人を思う気持ち」すなわち愛は必要である、と感じる。自分もそうありたい。

『楽志』

大西先生が大阿闍梨・叡南俊照師からこの言葉をいただいた時は、指導への情熱と指導対象者への愛情を両立させるのが吉と気づいた頃なのではないか。

この本が大西先生の手に渡る頃には、京都産業大学ラグビー部が次なる旅に出ている。

新たな『志』が生まれる。

２０１９年12月

伊藤鐘史

著者紹介

伊藤鐘史（いとう　しょうじ）

1980年，兵庫県生まれ．

兵庫県立兵庫工業高等学校から京都産業大学へ入学・卒業し，リコーブラックラムズ（2003-2009），神戸製鋼コベルコスティーラーズ（2009-2018），ラグビー日本代表（36cap）としてプレー．

ラグビーワールドカップ2015イングランド大会に出場する．

京都産業大学大学院マネジメント研究科博士前期課程修了［修士（マネジメント）］．

京都産業大学体育会ラグビー部コーチを経て，2020年より監督．

論文に『重量級監督による大学ラグビー新興校強化のメカニズム――京都産業大学ラグビー部のケースから――』（京都マネジメント・レビュー第34号）がある．

向風見也（むかい　ふみや）

1982年，富山県生まれ．

成城大学文芸学部芸術学科を卒業し，現在，ラグビーライターとして活躍．

著書として『ジャパンのために　日本ラグビー9人の肖像』（論創社，2011年），『サンウルブズの挑戦　スーパーラグビー――闘う狼たちの記録――』（双葉社2018年）がある．

ラグビー指導の哲学
――大西健の「楽志」と京都産業大学ラグビー部の軌跡 1973-2019――

2020年 4 月10日　初版第 1 刷発行　　＊定価はカバーに表示してあります

著者　伊藤鐘史 ©
　　　向風見也
発行者　植田　実
印刷者　江戸孝典

発行所　株式会社　晃洋書房
〒615-0026　京都市右京区西院北矢掛町 7 番地
電話　075(312)0788番(代)
振替口座　01040-6-32280

装丁　野田和浩　　印刷・製本　共同印刷工業(株)

ISBN978-4-7710-3349-8